ALPHABET
CLASSIQUE

Tableaux gradués de tous les Types de Lettres

CONCORDANCE ET FORMES VARIÉES DES SONS

SYLLABAIRE GRAMMATICAL
MORALE et CIVILITÉ

NOTIONS DES CHOSES LES PLUS USUELLES :
Le CIEL, la TERRE, l'EAU, le FEU, les ANIMAUX;
DIVISION du TEMPS;
JEUX DES ENFANTS; ÉLÉMENTS DE CALCUL;

FABLES ET HISTORIETTES
Instructives et Amusantes.

Édition arrangée sur un plan nouveau et dédiée
aux Écoles et aux Familles,

PAR

ÉTIENNE DUCRET.

LB

PARIS
LE BAILLY, LIBRAIRE-ÉDITEUR,
6, RUE CARDINALE, 6.

ALPHABET

CLASSIQUE

Chers Enfants de la France, au Temple de l'Honneur
Venez:... l'INSTRUCTION vous appelle au Bonheur!...

ALPHABET

CLASSIQUE

TABLEAUX GRADUÉS DE TOUS LES TYPES DE LETTRES

CONCORDANCE ET FORMES VARIÉES DES SONS

SYLLABAIRE GRAMMATICAL

MORALE ET CIVILITÉ

NOTIONS D'ARITHMÉTIQUE

et des choses les plus usuelles

SUIVIES DE

FABLES ET HISTORIETTES

instructives et amusantes.

Édition arrangée sur un plan nouveau et dédiée
aux Écoles et aux Familles

PAR

ÉTIENNE DUCRET

LB

PARIS

LE BAILLY, LIBRAIRE-ÉDITEUR

6, RUE CARDINALE, 6.

AVIS
AUX INSTITUTEURS ET AUX CHEFS DE FAMILLE.

Indépendamment de nombreux Types de Lettres Majuscules, Minuscules, Romaines, Italiques, Rondes, Anglaises, etc., ce nouvel **ABÉCÉDAIRE** offre aux élèves les avantages suivants :

1° Quand ils savent distinguer les Lettres et prononcer les sons *A, E, I, O, U, IN, OI*, etc., ils se trouvent embarrassés pour l'*Épellation* des syllabes et des mots, s'ils n'ont pas été prévenus que les combinaisons *at, as, ah, ha, ats,* etc., se prononcent également *A;* et de même pour les autres sons simples ou composés.

En les familiarisant d'abord avec les diverses FORMES DES SONS, nos tableaux (*pages 30 à 50*) leur facilitent le passage à la **Lecture courante**.

2° Au lieu de leur donner à épeler des colonnes de *Mots* empilés au hasard, notre **SYLLABAIRE GRAMMATICAL** (*pages 59 à 67*) les leur offre classés par catégories, suivant l'ordre, le sens et le rôle qu'ils doivent avoir dans la **Phrase**, comme **Parties du Discours** : *Noms, Qualificatifs, Verbes,* etc.

L'Accentuation, la Ponctuation, des notions de Calcul, de Civilité et de Morale et un joli choix de Fables et Historiettes instructives et amusantes complètent notre ouvrage.

MAJUSCULES ROMAINES

A B C D E F

G H

I J

K L

M N
O P
Q R

S T
U V
W X

Y Z

Æ Œ

PH GN

MINUSCULES ROMAINES

a b c

d e f

g h ij

k l m

n o p

q r s

t u v

x y z

w æ œ

ph gⁿ

et etc.

& &ᵃ

MAJUSCULES

A B C D E F

G H I J K L

M N O P Q R

S T U V W X

Y Z Ç Æ Œ

MINUSCULES

a b c d e f g h i j k

l m n o p q r s t u v

w x y z æ œ ç . , ; : ? !

CHIFFRES

ARABES	ROMAINS	VALEUR
1	I	un
2	II	deux
3	III	trois
4	IV	quatre
5	V	cinq
6	VI	six
7	VII	sept
8	VIII	huit
9	IX	neuf
10	X	dix

LETTRES ORNÉES

A B C D E

F G H I J

K L M N O

P Q R S T

U V X Y Z

É È Ê Ç . ,

Æ Œ W

MAJUSCULES ITALIQUES

A B C D E

F G H I J

K L M N O

P Q R S T

U V X Y Z

———

MINUSCULES ITALIQUES

a b c d e f g

h i j k l m n

o p q r s t u

v w x y z

VOYELLES

a e i o u y

CONSONNES

b c ç d f g h j k l m n

p q r s t v w x z

MAJUSCULES ANGLAISES

A B C D E F
G H I J K L
M N O P Q
R S T U V
X Y Z

MINUSCULES ANGLAISES

a b c d e f g h i j k
l m n o p q r s t u
v x y z

CHIFFRES

1 2 3 4 5 6 7 8 9 0

MAJUSCULES RONDES

$\mathcal{A}$ $\mathcal{B}$ $\mathcal{C}$ $\mathcal{O}$ $\mathcal{E}$ $\mathcal{F}$ $\mathcal{G}$

$\mathcal{H}$ $\mathcal{I}$ $\mathcal{J}$ $\mathcal{K}$ $\mathcal{L}$ $\mathcal{M}$ $\mathcal{N}$

$\mathcal{O}$ $\mathcal{P}$ $\mathcal{Q}$ $\mathcal{R}$ $\mathcal{S}$ $\mathcal{T}$ $\mathcal{U}$

$\mathcal{V}$ $\mathcal{W}$ $\mathcal{X}$ $\mathcal{Y}$ $\mathcal{Z}$

MINUSCULES RONDES

a b c d e f g h i j k l m n

o p q r s t u v w x y z

CHIFFRES

1 2 3 4 5 6 7 8 9 0

MAJUSCULES GOTHIQUES

A B C D E F G H I
J K L M N O P Q
R S T U V X Y Z

MINUSCULES GOTHIQUES

a   b   c   d   e

f   g   h   i   j

k   l   m   n   o

p   q   r   s   t

u   v   x   y   z

ALPHABETS COMPARÉS

A	a	*A*	*a*	N	n	*N*	*n*
B	b	*B*	*b*	O	o	*O*	*o*
C	c	*C*	*c*	P	p	*P*	*p*
D	d	*D*	*d*	Q	q	*Q*	*q*
E	e	*E*	*e*	R	r	*R*	*r*
F	f	*F*	*f*	S	s	*S*	*s*
G	g	*G*	*g*	T	t	*T*	*t*
H	h	*H*	*h*	U	u	*U*	*u*
I	i	*I*	*i*	V	v	*V*	*v*
J	j	*J*	*j*	W	w	*W*	*w*
K	k	*K*	*k*	X	x	*X*	*x*
L	l	*L*	*l*	Y	y	*Y*	*y*
M	m	*M*	*m*	Z	z	*Z*	*z*

ALPHABETS INTERVERTIS

D	U	Y	P	Z	O
C	K	A	F	J	E
V	X	Q	R	L	N
M	T	S	H	I	G
	B	Æ	W	Œ	

CHIFFRES INTERVERTIS

2	4	3	1	5
0	7	6	9	8

ALPHABETS INTERVERTIS

o	h	n	g	p	a
r	m	b	e	f	q
s	d	e	t	u	v
x	y	z	i	j	k
l	w	œ	æ		

VOYELLES

A E I O U Y

CONSONNES

B C D F G H J K L M N

P Q R S T V W X Z

SYLLABES *ou* SONS

A	E	I	O	U	Y
ab	eb	ib	ob	ub	yb
ac	ec	ic	oc	uc	yc
ad	ed	id	od	ud	yd
af	ef	if	of	uf	yf
ag	eg	ig	og	ug	yg
ah	eh	ih	oh	uh	yh
ak	ek	ik	ok	uk	yk
al	el	il	ol	ul	yl
am	em	im	om	um	ym
an	en	in	on	un	yn
ap	ep	ip	op	up	yp
ar	er	ir	or	ur	yr
as	et	iv	ox	uz	ys

Ba	Be	Bi	Bo	Bu	By
Ca	ce	ci	co	cu	cy
Da	de	di	do	du	dy
Fa	fe	fi	fo	fu	fy
Pha	phe	phi	pho	phu	phy
Ga	ge	gi	go	gu	gy
Ha	he	hi	ho	hu	hy
Ja	je	ji	jo	ju	jy
Ka	ke	ki	ko	ku	ky
La	le	li	lo	lu	ly
Ma	me	mi	mo	mu	my
Na	ne	ni	no	nu	ny
Pa	pe	pi	po	pu	py
Qua	que	qui	quo	quu	quy
Ra	re	ri	ro	ru	ry
Sa	se	si	so	su	sy
Ta	te	ti	to	tu	ty
Va	ve	vi	vo	vu	vy
Wa	Xe	Xi	Zo	Yu	Yr

Bla	Ble	Bli	Blo	Blu	Bly
bra	bre	bri	bro	bru	bry
cha	che	chi	cho	chu	chy
cla	cle	cli	clo	clu	cly
cra	cre	cri	cro	cru	cry
chra	chre	chri	chro	chru	chry
dra	dre	dri	dro	dru	dry
fla	fle	fli	flo	flu	fly
phla	phle	phli	phlo	phlu	phly
fra	fre	fri	fro	fru	fry
phra	phre	phri	phro	phru	phry
gla	gle	gli	glo	glu	gly
gna	gne	gni	gno	gnu	gny
gra	gre	gri	gro	gru	gry

gua	gue	gui	guo	guu	guy
kra	kre	kri	kro	kru	kry
pla	ple	pli	plo	plu	ply
pra	pre	pri	pro	pru	pry
sca	sce	sci	sco	scu	scy
scra	scre	scri	scro	scru	scry
spa	spe	spi	spo	spu	spy
spla	sple	spli	splo	splu	sply
squa	sque	squi	squo	squu	squy
sta	ste	sti	sto	stu	sty
tla	tle	tli	tlo	tlu	tly
tra	tre	tri	tro	tru	try
vra	vre	vri	vro	vru	vry
exa	exe	exi	exo	exu	exy

ACCENTUATION

LE POINT . i

L'ACCENT { Aigu ´ é
Grave ` à è ù
Flèxe ˆ â ê î ô û

LE TRÉMA ¨ ë ï ü

LA CÉDILLE sous le ç ça ço çu
lui donne le son de S.

L'APOSTROPHE ' remplace la voyelle E,
après les consonnes

C' D' J' L' M' N' S' T'

SONS DIVERS :

an eu in on ou un

SONS DOUBLES (Diphtongues) :

ia ié io ieu oi ian ien ion
oin ui oui, etc.

ACCENTUATION

Ici,   Si,   Fi !

Été,   Dé,   Pré.

Déjà,   Père,   Où.

Mât,   Fête,   Île, Côte, Bûche.

Poëte, Haï,   Ésaü.

Çà, Maçon,   Reçu.

Fil d'or, C'est lui, J'ai l'âge,

Il m'aime, N'y va pas,

Elle s'en va, Tu t'enfuis.

SONS DIVERS :

Ban, Feu, Fin, Don, Cou,

DIPHTONGUES :

Dia, Pitié, Rio, Dieu, Foi,

Bien, Lion, Foin, Lui, Louis,

CONCORDANCE ET FORMES DES SONS

A

Ah !	Alman *ach*
Ha !	Ch *at*
Pap *a*	2 pl *ats*
Tab *ac*	Dr *ap*
Un b *as*	Sol *en* nel

AM

Ham	F *emme*
Pri *am*	3 r *ames*
Ame	Ils récl *ament*

AC

L *ac*   Ah ! *que...*
Acqu érir   *Aqueux*
R *ack*   Bob *ak*
Al Bor *aq*   Ranel *agh*
Ab *hac*   Zigz *ag*
2 bar *aques*   Coron *ach*
Je tr *aque*   Ils br *aquent*

ACE

Gl *ace*   Mél *asse*
Ils c *assent*   Ils pl *acent*
Les gr *âces*   3 paill *asses*

A Z

G *az*   C *ase*
G *aze*   Ils j *asent*
2 phr *ases*   Des top *azes*

A L

B *al*	*Halle*
M *alle*	Ils v *alent*
Triomp *hale*	Des s *alles*

A R

C *ar*	Les *arts*
Q *uart*	Des *arrhes*
Un m *arc*	Branc *ard*
La *hart*	Une m *arre*
Ils p *arent*	2 b *arres*

ARC

Arc	B *arque*
Danem *ark*	Ils m *arquent*

E

L e
J eu
P euh !
Un n œud
Des b œufs
Des v œux

EU

Je v eux
Il pl eut
Yeux bl eus
La qu eue
Que d'or !
Ils manq uent

EUR

Vol eur
Une heure
Des pl eurs
Un heurt

Mal heur
En c hœur
Moq ueur
Mon c œur

EUIL

D euil
OEil

F euille
OEil let

EIL

Sol *eil*
Vi *eille*
Ils p *ayent*
Elles v *eillent*
Tu somm *eilles*
Des cons *eils*

EL

Du s *el*
Une p *elle*
Son *aile*
Ils b *êlent*
Un po *êle*
K *ehl*

É

Caf *é*
Eh ! *hé !*
J'*ai*
Je mang *eai*
Un n *ez*

Ma cl *ef*
Des d *és*
OE dipe
Æ grophile
Un b *ey*

È Ê Ë

Èt
Il *est*

F *ê* te
Une *haïe*

Du l *ait*

C'est l *aid!*

Resp *ect*

Po *è* te

P *è* ge

N *ei* ge

A la *Haye*

Je *hais*

Bal *ai*

Monn *aie*

Un l *egs*

Jam *ais*

E M

Hem!

Aime

Cr *ème*

Sel g *emme*

Ils s *èment*

Jérusal *em*

E R

La m *er*

Ma m *ère*

Le m *aire*

La ch *air*

Des *airs*

Pauvre *hère*

Il *erre*

Un cl *erc*

Le couv *ert*

Des dés *erts*

Mes n *erfs*

Un c *erf*

Ils g *èrent*

2 s *erres*

E S S E

La *Hesse*   Artaxerc *ès*
M *esse*   Il dép *èce*
M *etz*   Acqui *esce*
L *aisse*   Ils dr *essent*
Tu b *aisses*   Su *ez*

E N N E

H *aine*   Des étr *ennes*
P *eine*   Ils g *ênent*
Les v *eines*   Les c *haînes*

I

Ih ! hi !   Gâc *his*
Bi b *i*   Il déf *it*
Mon f *ils*   Mes pet *its*
Jésus-Chr *ist*   Tous gent *ils*

IE ILLE IEU

La v*ie*	Tes f*illeux*
Des am*ies*	Jo*yeux*
Ma b*ille*	Un p*ieu*
Des f*illes*	Une l*icue*
Ils tr*illent*	Des l*ieux*
Ha*ïe*	Mess*ieurs*

IEUR

Cr*ieur*	Pa*yeur*
Ra*illeur*	Me*illeur*

IA

Il pr*ia*	Elle br*illa*
Tu pa*yas*	Plag*iat*

I É

Pl*ié*	J'ai p*illé*
Mon p*ied*	Bon mét*ier*
Soudo*yés*	J'*y* ai été
Vo*yez*	4 pil*iers*

IAIS

N *iais*   Il *y* est
B *illet*   Il br *illait*
Tu cro *yais*   Ils pa *yaient*

IEL

C *iel*   B *ièle*
V *ielle*   Essent *iel*

IR   IRE

Plais *ir*   Ils d *irent*
La c *ire*   La m *yrrhe*
Mart *yre*   Sap *hir*
La *Hire*   Des dés *irs*

ISSE

Un *vice*   Jaun *isse*
Une *vis*   Ils fin *issent*
Des serv *ices*   Hisse *!*

IN   EIN   AIN

F *in*	P *ain*
Hein !	J'ai f *aim*
Je p *eins*	Bon t *eint*
Un s *aint*	V *ingt*
Mon s *ein*	C *inq* sous
Poser son s *eing*	Des cr *ins*
Hommes s *ains*	Du th *ym*
Hym *en*	Le R *hin*

IEN

Cito *yen*	Mécanic *ien*
Des Mo *yens*	Il cont *ient*
Des l *iens*	Bisca *ïen*

OIN

L *oin*	C *oing*
Bon p *oint*	*Oingt*
Au m *oins*	Deux p *oings*

OUIN

2 gr *ouins*   1 bab *ouin*

OUIL

Fen *ouil*   Quen *ouille*
Ils f *ouillent*   La *houille*
Qu'il b *ouille* !   Des gren *ouilles*

O

Ó   Nig *aud*
Oh ! Ho !   Les G *oths*
Là-*haut*   Des ruiss *eaux*
Au voleur !   Au gal *op*
Eau claire   Au tr *ot*
2 br *ocs*   Un hér *aut*
Un accr *oc*   *Aul* ne
C'est f*aux* !   S *aô* ne

Une f *aulx*	Z one
Il f *aut*	*Oi* gnon
Gir *od*	Rh*ô*ne
Des hér *os*	Poi gnard
Des abric *ots*	Des réch *auds*

IO

R *io*	Mes affût *iaux*
O *hio*	Trois id *iots*
No *yau*	Gu *illot*
M *iau* ler	M *yo* pe

OCE

B *osse*
N *oce*
Un *os*
Hos pice
Aus pice

AUSSE

F *ausse*
Un m *oos*
Ils s *aucent*
Elles ch *aussent*
3 f *osses*

OTTE AUTE

H *otte*	*Haute*
Des m *ottes*	*Ote*-toi
Lam *othe*	Une c *ôte*
Ils marm *ottent*	Ils s *autent*

OR

Or	*Horr* eur
H *ors*	Deux p *orcs*
M *ort*	S *aur*
Rem *ords*	Aur *ore*
C *orps*	Ils l'a *bhorrent*

OM

H *omme*	R *ome*
Cond *om*	R *hum*

OL AUL

P *aul*	S *aule*
Rig *olle*	Elles mi *aulent*
F *ol*	Des ép *aules*

ON

B *on*	Pr *ompt*
Un b *ond*	T *hon*
Fr *ont*	J *onc*
Mon n *om*	Des s *ons*
D *omp* ter	Des f *onds*

ION

L *ion*	Réve *illons*
L *yon*	Verm *illon*
Cra *yon*	Nous port *ions*
T *hion* ville	Des ra *yons*

OA   OI   OUA

B *oa*	La s *oie*
Godefr *oy*	Des *oies*
J'ai fr *oid*	Des n *oix*
D *oigt*	3 p *oids*
Ils v *oient*	P *ouah* !
Je cr *ois*	F *ouet*
Le t *oit*	Elle cl *oua*
De F *oë*	Des o *ua* illes

OU

Où	T *out*
Hou *!*	Des cl *ous*
Houe *!*	Courr *oux*
Des r *oues*	Août
S *aôul*	Ils j *ouent*

OUI

Oui   Ouïe

OUR

La c *our*   Deux s *ourds*

Il c *ourt*   Des *ours*

Deux j *ours*   Bon *hours*

Un b *ourg*   3 calemb *ours*

AN

Un *an*   Gr *and*

Han *!*   Je pr *ends*

En f *ant*   Des pass *ants*

Un b *anc*   Ex *empt*

Deux fl *ancs*   J *ean*

Trois r *angs*   En nag *eant*

Par *ent*   5 ag *ents*

C *aen*   Du s*ang*
Un p*aon*   Oberk *ampf*
Mes p *ans*   Un c *amp*
Des dép *ens*   Les f *aons*
T am bour   Des c*hants*
Un c *ent*   Le t *emps*
S*ans* toi   5 brig *ands*
Ha r *eng*   *Emm* ener

ANCE

Deux *anses*   Ils p *ensent*
Veng *eance*   Nos off *enses*
Le c *ens*   La récomp *ense*
La d *anse*   Elles bal *ancent*

IAN

Hian !   Br *illant*
Sc*iant*   Pat *ient*
Fr *iand*   Cro*yant*

U

D *u*	La v *ue*
J'ai *eu*	Un l *uth*
Hue!	Il f *ut*
Jés *us*	Elle *eut*

UI

L *ui*	Un m *uid*
Huit francs	Du b *uis*
Un p *uits*	Un fr *uit*

UR URE

Fut *ur*	Des m *úrs*
Hure	Ils *eurent*

USSE

P *uce*	Qu'ils p *ussent*
Pr *usse*	Choléra-morb *us*
Des R *usses*	Jean *Huss*

UN.

Auc *un*	Rien qu'*un*
Déf *unt*	Etr *œung*
Les *Huns*	Des empr *unts*

CONSONNES DOUBLES

Ab bé	Em ma
Ac cès	En nui
Ad dition	Op primé
Ef fet	Hor reur
Ag gravé	As sez
Al ler	At tention

Whist (Ou-is-te)

ÉQUIVALENTES

K C Q X CH

Kornac	Chersonèse
Carton	Xérès
Un quart	Excepté

Z S X

Zone   Xercès
Rose   Horizon

G C   T D

G ond   Un *tome*
Se *c* ond   Gran*d* homme

S Ç C T X

Si   Excès   Des portions
Ici   Français   Auxerre

SION

Aver *sion*   Atten *tion*   Des *sillons*
Nous *scions*   Flu *xion*   Nos *sillons*
Remer*cions*   Des po *tions*

MOTS QUI N'ONT QU'UNE SYLLABE (un son)

Vin	Pain
Chat	Rat
Four	Blé
Trop	Moins
Art	Eau
Marc	Veau
Champ	Pré
Vent	Dent
Vert	Rond
Mort	Corps

MOTS DE DEUX SYLLABES

Pa-pa.	Fan-fan.
Ma-man.	Gâ-teau.
Da-da.	Jou-jou.
Vo-lant.	Na-non.
Rai-sin.	Tou-tou.
Jar-din.	Pou-pée.
Se-rin.	Dra-gée.
Voi-sin.	Bon-bon.
Poi-re.	Bam-bin.
Bo-bo.	Pom-me.
Bon-net.	Cou-teau.
Bé-guin.	Cha-peau.

MOTS DE TROIS SYLLABES

É-toi-le.
Li-ber-té.
O-rai-son.
Fa-mil-le.
His-toi-re.
Li-ma-çon.
Scor-pi-on.
Cou-tu-me.
Ou-vra-ge.
Or-phe-lin.
Cré-a-teur.
Mon-ta-gne.
Ré-ser-voir.
Nou-veau-té.
Mou-ve-ment.
Com-pli-ment.

MOTS DE QUATRE SYLLABES

É-tu-di-er.
Lai-ti-è-re.
Ki-ri-el-le.
Ju-di-ci-eux.
O-ri-gi-nale.
Ju-ri-di-que.
La-pi-dai-re.
Im-pos-tu-re.
E-ga-le-ment.
Mas-ca-ra-de.
Se-cou-ra-ble.
Né-gli-gen-ce.
In-con-ti-nent.
Pro-me-na-de.
Par-don-na-ble.
Ré-com-pen-ser.
Con-trai-re-ment.

POLYSYLLABES
MOTS DE PLUSIEURS SYLLABES

In-fi-dé-li-té.
Ins-ti-tu-ti-on.
Ré-so-lu-ti-on.
O-ri-gi-na-li-té.
Pro-di-ga-li-té.
Ir-ri-ta-bi-li-té.
In-dis-so-lu-ble.
In-dé-ter-mi-né.
Ex-cla-ma-ti-on.
A-rith-mé-ti-que.
Sou-ve-rai-ne-té.
In-ter-ro-ga-ti-on.
Per-fec-ti-bi-li-té.
In-su-bor-don-né.
Na-tu-rel-le-ment.
In-dis-tinc-te-ment.
Cha-ri-ta-ble-ment.
Clan-des-ti-ne-ment.
Ad-mi-ra-ble-ment.
Ma-li-ci-eu-se-ment.
In-con-si-dé-ré-ment.
In-com-men-su-ra-ble.
An-ti-cons-ti-tu-ti-on-nel-le-ment.

MOTS AVEC LA LETTRE H

Un *homme heureux*. — Chemin.
Chine. — *Choc*. — *hachure*.
Pharmacie. — *Thym*.

MOTS DANS LESQUELS
la lettre H est aspirée

Ha! Ha!	Le Hallier.	Se Harasser.
Un Hâbleur.	Une Halte.	Se Harceler.
Une Hache.	Un Hamac.	Des Hardes.
Du Hachis.	Mon Hameau.	Un Hareng.
La Hachure.	La Hampe.	Hargneux.
Œil Hagard.	Hanap.	Le Haricot.
La Haie.	La Hanche.	Une Haridelle.
Un Haillon.	Un Hangar.	Se Harnacher.
La Haine.	Un Hanneton.	Harpagon.
Se Haïr.	La Hanse.	La Harpe.
Haire.	Se Hanter.	Harpie.
Le Halage.	Happer.	Un Harpon.
Le Hâle.	Hacquenée.	La Hart.
Haleter.	Un Haquet.	Au Hasard.
La Halle.	Une Harangue.	Se Hausser.
Une Hallebarde.	Des Haras.	Le Haut.

Un Hautbois.
Sa Hautesse.
La Hauteur.
Teint Hâve.
Un Havre-sac.
Le Havre.
Hé !
Heaume.
Hein !
Héler.
Hem !
Hennir.
Un Héraut.
Pauvre Hère.
Se Hérisser.
Un Hérisson.
Une Hernie.
Un Héron.
Nos Héros.
La Herse.
Un Hêtre.
Un Hibou.
Le Hic.
Hideux.

La Hiérarchie.
Se Hisser.
Ho !
Un Hobereau.
Hoche.
Hocher.
Un Hochet.
Holà !
La Hollande.
Hom !
Un Homard.
Hongrois.
Se Honnir.
La Honte.
Honteux.
Le Hoquet.
Hoqueton.
Une Horde.
Un Horion.
Ma Hotte.
Un Hottentot.
Du Houblon.
La Houe.
La Houille.

La Houle.
Ma Houlette.
Sa Houppe.
Une Houppelande
Un Hourra.
Se Houspiller.
Une Housse.
Le Houx.
Un Hoyau.
La Huche.
Huchette.
Une Huée.
Un Huguenot.
La Huitaine.
Un Hulan.
Humer.
La Hune.
Une Huppe.
Une Hure.
Hurler.
Hurlement.
Un Huron.
Un Hussard.
Une Hutte.

ABRÉVIATIONS

M. ou M^r veut dire Monsieur
MM. ou M^{rs} — Messieurs
Mme — Madame
Mmes — Mesdames
Melle — Mademoiselle
M^{elles} — Mesdemoiselles
M^e — Maître
P.-S. — Post-scriptum
N. B. — Nota bene
& Cie — et Compagnie
S. A. R. — Son Altesse Royale
S. M. — Sa Majesté
S. S. — Sa Sainteté
T. S. P. — Très Saint Père
R. P. — Révérend Père
T. C. F. — Très Cher Frère
Mgr. — Monseigneur
NN. SS. — Nos Seigneurs
Exc. — Excellence
T. S. V. P. — Tournez, s'il vous plaît
R. F. — République Française
S. G. D. G. — Sans garantie du gou-
vernement

MOTS DIFFICILES A PRONONCER

Ab-ject
Ba-gue
Ga-gne
Gram-mai-re
con
Ar-chon-te
Sta-tu-e
quezé   fon
Xé-no-phon
Spa-tu-le
Es-cla-ve
tin
Syn-ta-xe
Scru-pu-le
Splen-di-de
que zé
I-gné
è-que z   cion
Ex-emp-tion
cré
Chré-tien
que-n
G-nos-ti-que
cri   sa
Chry-sa-li-de
igue
Pyg-mé-e
Ins-pec-teur
Un luth

Rapt
ze
Phra-se
zi
Phy-si-que
ci
Dic-ti-on-nai-re
Es-car-mou-che
Obs-ti-né
è-que   ss
Ex-cel-lent
ci
Ex-cla-ma-ti-on
clo
Chlo-re
lo   fe
Or-tho-gra-phe
gue-n
Sta-gn-ant
I-gno-ran-ce
Sque-let-te
ègue z
Ex-as-pé-rer
que-ci
Ma-xi-me
an
Ins-tru-ment
Syn-di-cat
que
Franck-lin

LES DIX PARTIES DU DISCOURS

Subs-tan-tif. — Ar-ti-cle. — Ad-jec-tif. —
Pro-nom. — Ver-be. — Par-ti-ci-pe. —
Ad-ver-be. — Pré-po-si-tion. —
Con-jonc-tion. — In-ter-jec-tion.

SYLLABAIRE GRAMMATICAL

NOMS DES PERSONNES ET DES CHOSES

NOMS *Propres.*

Dieu
Europe
France
Paris
Seine
Paul
Julien
Marie
Pierre
Jeanne

NOMS *Communs.*

Homme	Femme
Frère	Sœur
Chien	Chatte
Vin	Vigne
Feu	Flamme
Esprit	Ame
Devoir	Vertu
Lit	Table
Genre	Personne
Nombre	Chose

NOMS *Collectifs.*

Foule
Troupe
Armée
Totalité
Dizaine
Douzaine
Centaine
Millier

NOMS *Composés.*

Entre-sol
Garde-fou
Chef-d'œuvre
Oiseau-mouche
Casse-noisette
Grippe-sous
Arc-en-ciel
Chauve-souris

INDICATIFS ET DÉTERMINATIFS DES NOMS

*L'*ami	*D'*Antoine.
Le gage	*De* tendresse.
La truelle	*Du* maçon.
Les devoirs	*Des* enfants.
A l'écolier	*Le* livre.
Au pauvre	*La* besace.
Aux talents	*Les* récompenses.
Ce fou	*Celui-ci.*
Cet arbre	*Celui-là.*
Cette ombre	*Celle-ci.*
Ces enfants	*Ceux-là.*
Aucun défaut	*Aucuns* vices.
Aucune peine	*Aucunes* larmes.
Tout homme	*Toute* femme.
Chaque chaise	*Chacun* de nous.
Tel père	*Telle* fille.
Quel malheur !	*Quelle* perte !
Le *même* joujou	La *même* corde.
Les *mêmes* habits	*Tous* les jours.

NOMBRES

Un ballon.   *Six* kilos.
Une bille.   *Sept* noms.
Deux choux.   *Huit* feuilles.
Trois clous.   *Neuf* perles.
Quatre planches.   *Dix* lions.
Cinq fous.   *Des* bancs.

Cent sous.
Mille fusils.
Plusieurs soldats.
Des millions de francs.
Une douzaine de pommes.
Beaucoup de monde.
Trop d'orgueil.
Un cheval. — *Vingt* chevaux.

ORDRE ET CLASSEMENT

Le *premier* mot. — Le *deuxième* prix.
Le *centième* arbre. — La *millième* partie.

ÊTRE (CE QU'ON EST)

JE *suis.*	Nous *sommes.*
TU *es.*	VOUS *êtes.*
IL ou ELLE *est.*	ILS ou ELLES *sont.*

QUALITÉS.	FORMES.	COULEURS.	AFFECTIONS ET MOUVEMENTS.	
Bon	Grand	Bleu	Aimant	Chéri
Mauvais	Petit	Blanc	Chantant	Reçu
Sage	Carré	Rouge	Marchant	Pris
Meilleur	Mince	Noir	Lisant	Sorti
Pire	Bossu	Sombre	Pensant	Battu
Mieux	Aveugle	Vert	Brisant	Jugé

Très gros.	Infiniment bon.
Plus savant.	Homme malin.
Moins violet.	Femme maligne.
Trop bien.	Chiffre égal.
Encore mieux.	Nombres égaux.

Je *suis* auprès de toi. — Tu *es* chez moi.
Il *est* avec nous. — Vous *êtes* avant lui.
Nous *sommes* là. — Ils *sont* ici.

AVOIR (CE QU'ON A)

J'ai faim.

Tu as froid.

Elle a honte.

Nous avons fini.

Vous avez raison.

Ils ont bien fait

Mon gilet — le TIEN.

Ton habit — le SIEN.

Son soulier — le MIEN.

Ma main — la TIENNE.

Ta bouche — la SIENNE.

Sa jambe — la MIENNE.

Mes pieds — les TIENS.

Tes bras — les SIENS.

Ses yeux — les MIENS.

Notre front — le VÔTRE.

Votre sac — le LEUR.

Leur courage — le NÔTRE.

Nos livres — les VÔTRES.

Vos armes — les LEURS.

Leurs canons — les NÔTRES.

LES ACTIONS (CE QU'ON FAIT)

Aimer.	*Chanter.*	*Penser.*
Finir.	*Agir.*	*Courir.*
Recevoir.	*Voir.*	*Choir.*
Rendre.	*Vendre.*	*Prendre.*

MANIÈRE DE FAIRE

OÙ ?	QUAND ?	COMMENT ?
Ici.	Hier.	Vite.
Là-bas.	Aujourd'hui.	Lentement.
Contre.	Demain.	Bien.
Près de.	Jadis.	Mal.
Loin de.	Toujours.	Ensemble.
En haut.	Jamais.	Seul.
Partout.	Ce soir.	En biais.
Nulle part.	Ensuite.	En tremblant
Chez moi.	D'abord.	En silence.
En France.	Pendant que.	Poliment.
A l'école.	Après lui.	A peu près.
Au large.	Avant moi.	Avec joie.

TEMPS

PRÉSENT

AUJOURD'HUI — A L'INSTANT

MOI,	Paul,	JE ME *lève*.
TOI,	Léon,	TU TE *fâches*.
LUI,	Jean,	IL SE *plaint*.
ELLE,	Julie,	ELLE SE *moque*.
NOUS,	messieurs,	NOUS NOUS *aimons*.
VOUS,	mesdames,	VOUS VOUS *battez*.
EUX,	les traîtres,	ILS SE *trompent*.
ELLES,	ces folles,	ELLES SE *sauvent*.

JE LA *crois*. — TU LES *grondes*.
IL LE *sait*. — ELLE *veut* ça.
PERSONNE ne nous *voit*.
RIEN ne me *fatigue*.
QUELQU'UN *vient* chez-nous.
Fais CECI. — *Prends* CELA.
Rends à AUTRUI ce qui *est* à LUI.
Il *faut* que nous *partions*.
Si je *voulais*, je *sortirais*.
Où *êtes*-vous ? — *Partez* ! — *Va*.
J'en veux. — Qu'il *sorte* ! — Allez-vous-en !

PASSÉ

HIER — AUTREFOIS

JE *battais* QUICONQUE *entrait*.

TU *frappais* ton camarade.

IL *avait lu* sa leçon.

ELLE *eut fini* avant vous.

NOUS *avons eu* le plaisir de *chanter*.

VOUS *aviez eu* le premier prix.

ILS *auraient eu* bon temps.

ELLES *eussent bien fait* de venir.

SI *j'avais voulu, j'aurais gagné*.

IL *fallait* que je *partisse*.

IL *eut fallu* qu'il *s'en allât*.

FUTUR

CE SOIR — DEMAIN — PLUS TARD

JE *couperai* vite cette branche.

TU *marcheras* plus doucement :

IL *reviendra* ici, tout près.

NOUS *danserons* devant lui, gaîment.

VOUS *resterez* avec eux chez nous.

ILS *auront* grand plaisir à sortir.

ELLES *donneront* du pain aux pauvres.

NOUS *aurons lu* avant vous.

SI *j'ai fini* tu *commenceras* aussitôt.

IL *faudra* qu'il *achève* son travail.

RAPPORTS ET LIAISONS

Mon père **et** ma mère.
Je ris **et** je chante.
Le journal **de** mon frère.
C'est **à** moi, c'est **au** voisin.
Je verrai **quand** vous viendrez.
Je suis **aussi** pressé **que** lui.
Or, quel est **donc** votre but?
Enfin, vous voilà **de** retour.
Mais, **si** je ne pouvais **pas**.
Moi, **qui** te *vois*, je t'*admire*.
Vous **que** j'*aime, soyez* heureux.
Nous **dont** il *daigne* se *souvenir*.
Avec moi, **sans** vous, etc.

EXCLAMATIONS

Aïe! holà! tu me fais mal!
Oh! le cruel! *ah!* c'est affreux!
Hé! là-bas! — *Eh! eh!* vous riez?
Dia! hue! ho! mon bidet.
Sapristi! quelle corvée!
Bravo! courage, mon ami!
Arrière! Place! Paix! Chut!
Fi! le vilain! *Pouah!* c'est mauvais!
En avant! Marche! Halte-là!
Hi! hi! hi! que c'est drôle!

SIGNES DE PONCTUATION

Ponctuer, c'est mettre entre les mots et entre les phrases, des signes qui indiquent au lecteur les repos à observer.

La virgule	,	légère pause.
Le point-virgule	;	repos un peu plus long.
Les deux points	:	double pose.
Le point final	.	} repos complet.
Les points suspensifs ...		
Le point d'interrogation	?	indique qu'on interroge.
Le point d'exclamation	!	exprime l'admiration, etc.
Les guillemets	« »	indiquent une citation.
La parenthèse	( )	renferme des mots détachés.
Le renvoi	(1)	reporte au bas de la page.
Le trait-d'union	-	lie plusieurs mots ensemble.

La phrase suivante fait connaître la valeur et l'emploi des signes de la ponctuation.

Aujourd'hui, mes chers enfants, je suis content de vous; vous avez lu à merveille : ce n'est pas votre habitude. Pourquoi ne lisez-vous pas toujours de même? qu'il est doux pourtant de contenter son père ! Je... mais, non, pas de reproche, car le proverbe dit : « La raison vient avec l'âge. » Enfants, un jour (souvenez-vous de mes paroles), vous apprendrez qu'on vient à bout de tout par un persévérant labeur (1).

_____

(1) Labeur veut dire travail.

LECTURE COURANTE

PHRASES

Je ché-ris ma-man.
J'ai-me bien pa-pa.
Grand-pè-re me don-ne-ra des i-ma-ges.

Mon frè-re est à la pro-me-na-de.

Ma sœur é-tu-die sa le-çon.

Si je suis bien sa-ge, je se-rai ré-com-pen-sé.

Ma-man est con-ten-te de moi, elle me con-dui-ra chez ma tan-te.

Un en-fant qui est hon-nê-te et qui a bon cœur est ché-ri de tous ceux qui le con-nais-sent.

Un en-fant bou-deur est ha-ï de tout le mon-de.

Un en-fant ba-bil-lard et rap-por-teur est tou-jours re-bu-té par tous ses ca-ma-ra-des.

On ai-me les en-fants do-ci-les ; on leur donne des bon-bons.

Ne dé-ro-bez rien.

Ne je-tez pas du pain à ter-re ; si vous en a-vez trop : il y a des gens qui n'en ont pas as-sez.

Ne vous met-tez pas en co-lè-re.

L'en-fant doux se fait ai-mer.

On ché-rit l'en-fant com-plai-sant.

Ne mé-pri-sez per-son-ne.

L'en-fant le plus ins-truit n'est pas ce-lui qui par-le le plus.

Con-tem-plez le ciel bril-lant d'é-toi-les, la ter-re cou-ver-te de fleurs, de fruits et d'a-ni-maux ; c'est Dieu qui a fait tout ce-la ; lui seul est tout-puis-sant : pour plai-re à Dieu, il faut que cha-cun fas-se son de-voir.

Le de-voir d'un en-fant est d'o-bé-ir à ses pa-rents, de cher-cher ce qui peut leur plai-re.

La lune nous éclaire la nuit; elle est bien moins grande que la terre, tandis que le soleil est infiniment plus gros.

La terre tourne autour du soleil; la lune tourne autour de la terre.

———

Il y a quatre Éléments sur notre globe : l'Air, la Terre, l'Eau et le Feu. Sans la terre l'homme ne pourrait manger; sans l'air il ne pourrait respirer; sans feu il mourrait de froid.

Sur la terre il croît toutes sortes d'arbres : les uns, comme le chêne, l'orme, le peuplier, le sapin, l'érable, etc., ne portent pas de fruits; ils servent à faire des planches, des meubles, à bâtir des maisons; les moins gros sont coupés en bûches pour le chauffage.

Les principaux arbres fruitiers sont : le poirier, le pommier, le pêcher, l'abricotier, la vigne, le cerisier, le groseillier, etc.

C'est dans la mer, dans les rivières et dans les étangs que l'on pêche les poissons qui servent à la nourriture de l'homme. On les prend avec des filets ou des hameçons.

L'homme se nourrit aussi de la chair de plusieurs animaux, tels que le bœuf, le veau, le mouton, le porc, etc.

Parmi les oiseaux qui servent à la nourriture de l'homme, sont les oies, les poules, les canards, etc.

C'est le feu qui échauffe la terre, qui anime et vivifie toute la nature. Le feu nous éclaire dans les ténèbres.

Les principales plantes potagères sont : la carotte, le navet, le chou, le panais, les raves, le potiron, la laitue, le persil, la ciboule, le cerfeuil, les salsifis, le céleri, le poireau, les épinards, l'oseille, etc.

Les principales plantes médicinales sont : la bourrache, le chiendent, la guimauve, la coriandre, la fumeterre, etc.

Les fleurs sont la parure de la terre et l'ornement de nos demeures, qu'elles parfument de leurs odeurs agréables.

Le lion est le roi des animaux.

La baleine est le plus gros des poissons de la mer.

L'aigle est le roi des oiseaux.

La rose est la reine des fleurs.

L'or est le premier et le plus rare des métaux.

L'homme a cinq sens pour apercevoir ou sentir ce qui l'environne :

Il voit avec les yeux.

Il entend par les oreilles.

Il goûte avec la langue.

Il flaire ou respire les odeurs avec le nez.

Il touche avec tout le corps, et principalement avec les mains.

Classification alphabétique des différents genres du Règne animal.

AMPHIBIE, animal qui peut vivre dans l'eau et sur terre : *grenouille, crapaud,* etc.

AQUATIQUE, qui vit à la surface ou sur le bord de l'eau : *le canard, le cygne, la sarcelle.*

BIMANE, qui n'a point de pieds de derrière, tel que le *lamentin.*

BIPÈDE, ayant deux pieds, tels que les *oiseaux,* qui ont deux ailes au lieu de mains.

L'homme est le seul être *bimane et bipède,* c'est-à-dire ayant deux mains et deux pieds.

CARNIVORE, qui se nourrit de chair.

FRUGIVORE, qui mange des fruits.

GRANIVORE, vivant de graines.

INSECTIVORE, qui dévore les insectes.

MAMMIFÈRES, animaux qui nourrissent leurs petits avec leurs mamelles, tels que *la vache, la chienne,* etc.

OVIPARES, dont les petits proviennent d'un œuf : *oiseaux, tortues, crocodiles, poissons, vers, reptiles et insectes.*

QUADRUPÈDES, qui ont quatre pieds : *le cheval, l'âne, la chèvre, etc.*

RUMINANTS, qui remâchent ce qu'ils ont déjà avalé, tel que le *chameau.*

REPTILES, qui marchent en rampant : *le serpent, l'aspic, la couleuvre.*

PISCIVORES, qui se nourrissent de poissons.

VIVIPARES, animaux sortant tout formés du ventre de leur mère : *l'homme, le lion, le cheval, le chien, le chat, le bœuf.*

RETRAITES DES ANIMAUX

Aire, nid de l'aigle et des autres grands oiseaux de proie.

Antre, *caverne*, *tanière*, retraites des bêtes féroces : lion, tigre, ours, etc.

Basse-cour, où l'on élève la volaille.

Bercail, *bergerie*, endroits où les bergers enferment leurs brebis.

Bouge, retraite du sanglier.

Cage, *volière*, niches grillagées où l'on *emprisonne les oiseaux*.

Chenil, lieu où l'on met les chiens.

Colombier ou *pigeonnier*, nid de pigeons.

Écurie, logement des chevaux, ânes, etc.

Étable, habitation pour les moutons, les bœufs et les vaches.

Fourmilière, petites galeries souterraines, creusées par les fourmis.

Garenne, endroit où l'on garde les lapins.

Grenouillère, lieu marécageux où les grenouilles se retirent.

Hutte, habitation des sauvages, des orang-outangs et autres grands singes.

Nids, charmants asiles construits par les oiseaux.

Ruche, admirable habitation des abeilles.

Terrier, retraite du renard, du lapin, etc.

CRIS DES ANIMAUX

Le chien aboie,
Le chat miaule,
L'âne brait,
Le cochon grogne,
Le cheval hennit,
Le bœuf beugle,
Le loup hurle,
L'agneau bêle,
Le taureau mugit,
Le lion rugit,
L'ours gronde,
Le renard glapit,
Le corbeau coasse,
La grenouille croasse.

Le serpent siffle,
Le perroquet parle,
Le moineau pépie,
La tourterelle gémit,
Le pigeon roucoule,
Le coq chante,
La poule glousse,
La pie babille,
Le rossignol chante
  ou ramage,
L'insecte bourdonne.

—

L'homme parle.

L'homme marche. — Les quadrupèdes marchent, sautent, bondissent ou grimpent. — L'oiseau vole. — Le poisson nage. — Le serpent rampe. — L'huître reste attachée à son rocher.

5.

DIVISION DU TEMPS

Vingt-quatre heures font un Jour.
Il y a trente jours dans un Mois.
Quelques mois ont trente et un jours.
Douze mois font une Année.
Cinq années font un *Lustre*.
Cent ans font un *Siècle*.

On divise le mois en quatre Semaines; chaque semaine est composée de sept jours que l'on nomme :

Dimanche, Lundi, Mardi, Mercredi, Jeudi, Vendredi et Samedi.

Les douze mois de l'année sont :

Janvier, Février, Mars, Avril, Mai, Juin, Juillet, Août, Septembre, Octobre, Novembre, Décembre.

Il y a quatre saisons dans l'année :

Le Printemps, l'Été, l'Automne et l'Hiver.

L'heure se divise en soixante Minutes.
Une demi-heure fait trente minutes.
Quinze minutes font un quart d'heure.
Une minute se subdivise en soixante Secondes.

LES DOUZE MOIS DE L'ANNÉE

JANVIER

C'est le mois chéri des enfants : il commence par le jour de l'an et les étrennes. Mais, pendant que les petits riches s'amusent avec de beaux joujoux et croquent des friandises, les petits pauvres pleurent de froid et de faim, parce que leur mère n'a pas de pain pour les nourrir et pas de bois pour leur faire du feu. C'est aux enfants riches à leur faire l'aumône. Cette bonne action sera un heureux commencement de l'année.

FÉVRIER

Il fait encore bien froid ; la neige tombe et l'eau se gèle. On peut patiner, mais avec prudence. Les enfants ne doivent pas aller seuls sur la glace. Ils pourraient se noyer, ou s'estropier en glissant.

Les jours sont un peu plus longs. On sème les grains. L'herbe commence à pousser.... Reviens, printemps !

MARS

La bise souffle avec violence. Tenez-vous bien : le vent pourrait vous jeter par terre. Il renverse bien les arbres. La violette vient de s'ouvrir. Qu'elle est jolie ! C'est la première fleur de l'année; elle annonce le retour du beau temps.

AVRIL

Les oiseaux chantent, les arbres bourgeonnent, les fleurs naissent en foule dans les jardins. Les papillons voltigent. On les prendrait pour des fleurs vivantes !

L'hirondelle est revenue. Le soleil luit enfin. Mais il pleut de temps en temps. Voilà un *arc-en-ciel* ; oh ! les belles couleurs ! il annonce la fin de la pluie... Salut, printemps !

MAI

Oh ! le joli mois de mai !

On peut se promener dans les champs. Voilà les aubépines en fleur ; les roses, les jasmins, les jonquilles embaument l'air par leur doux parfum.

Il y a des nids dans les buissons. Pauvres petits oiseaux, ils n'ont pas encore de plumes ! Leur mère tremble à notre approche. Elle croit que nous voulons lui voler ses petits. Oh ! non, petit oiseau, sois tranquille, nous ne sommes pas de méchants enfants.

JUIN

Les groseilles sont mûres, et les fraises aussi ; et les cerises donc ! Oh ! les bons fruits ! Quelles belles fleurs ! Que Dieu est bon de nous donner de si belles, de si bonnes choses !

Que font ces hommes avec ces grandes faucilles ? Ah ! ils coupent le foin. Quand il sera coupé, on

l'étendra sur la terre avec des fourches et des râteaux. Le soleil le séchera, puis on le portera au grenier, et puis aux écuries, pour que les chevaux s'en nourrissent en hiver.

JUILLET

Qu'il fait chaud ! Heureusement, nous avons, pour nous rafraîchir, des abricots, des prunes, des figues ; sans parler du marchand de coco ! Prenez bien garde, enfant, il y a une petite bête sur ce fruit. Vous alliez l'avaler, et cela vous aurait rendu malade. Regardez bien les fruits avant de les manger.

A la fin du jour les fleurs, desséchées par le soleil, s'inclinent sur leur tige, mais la rosée du matin vient les ranimer.

AOUT

Le blé mûr est jaune comme de l'or. Béni soit Dieu d'avoir fait pousser une moisson aussi abondante ! Fauche, moissonneur !

Le chariot attend les gerbes pour les emporter à la grange. On battra les épis pour en faire sortir le grain. La paille servira de litière aux chevaux, et le meunier moudra le blé pour en faire de la farine, qui sert à pétrir le pain, et même les gâteaux.

Que fait cette femme courbée par l'âge ? C'est une glaneuse. Pauvre vieille ! elle cherche à terre les quelques épis oubliés. Moissonneurs, laissez-lui-en beaucoup pour qu'elle ait aussi sa part des présents du bon Dieu !

SEPTEMBRE

Pourquoi ces grands bâtons, ces paniers ? C'est pour abattre les pommes. Après la récolte, on

les fera passer sous la meule pour en exprimer le suc et en faire du cidre, boisson très agréable.

On récolte aussi les coings, dont on fait de si bonnes confitures.

OCTOBRE

S'il n'y a plus de fleurs dans le parterre, s'il n'y a plus de fruits sur les arbres du verger, les noix et les châtaignes mûrissent.

Voici le temps de la vendange. Courons aux vignes!... allons *vendanger* le raisin ! On empilera les grappes dans les cuves, on les pressera bien fort, pour en extraire le jus du vin !

NOVEMBRE

Les feuilles jaunissent et tombent des arbres; le soleil ne paraît plus qu'à travers des brouillards. Il est temps de quitter la campagne pour retourner à la ville. Oh ! que les pauvres gens vont encore avoir à souffrir de la mauvaise saison ! Il est de notre devoir de les soulager.

DÉCEMBRE

Le froid augmente. La neige tombe et fait un tapis blanc à la terre ; le vent la fait voler en tourbillons. Mais les frimas de l'hiver sont nécessaires à la terre, qui sans la pluie et la neige ne produirait pas ses fruits en été.

On ne peut plus se promener ; la campagne est triste et déserte. Mais le soir, à la veillée, assis au coin du feu, on lit de jolies histoires, on joue aux jeux innocents... Noël approche : enfants gentils, mettez votre soulier dans la cheminée, papa Noël le remplira de belles et bonnes surprises.

JEUX ET AMUSEMENTS ENFANTINS

LE COLIN-MAILLARD

Le jeu de colin-maillard est très ancien. Le roi Henri IV l'aimait beaucoup dans son enfance ; Gustave-Adolphe, un roi de Suède, jouait aussi à colin-maillard avec ses généraux.

Tout le monde connaît le colin-maillard ordinaire, et le colin-maillard à la *baguette*. Le colin-maillard *à la clochette* se joue comme suit : tous les enfants ont les yeux bandés, à l'exception d'un seul qu'ils doivent tâcher d'attraper à tâtons. Celui-ci tient à la main une clochette qu'il agite pour guider leurs recherches.

LE JEU DE CORDE

C'est un jeu d'été, un jeu des beaux jours. Ce n'est plus au coin du feu, c'est à l'ombre d'un grand arbre qu'on peut prendre ce plaisir. Sautez, gais enfants ; mais, comme en toutes choses, gardez-vous de l'excès, car une petite fille qui venait de sauter deux cents coups de *vinaigre* est tombée morte de fatigue !

Il existe un grand nombre de variétés du jeu de corde. Le jeu de la *hauteur* consiste à sauter au-dessus d'une corde qu'on tend à une hauteur de plus en plus grande. Les enfants raisonnables ne devraient pas y jouer. Cette manière est très dangereuse.

LES QUATRE COINS

Quand on a bien étudié ses leçons, il est juste qu'on s'amuse. Rien de plus agréable que de jouer aux *quatre coins*.

On doit être cinq à ce jeu. Quatre enfants se mettent chacun près d'un arbre, et changent de place entre eux en courant. Un cinquième, placé au milieu, tâche d'atteindre une des places pendant qu'elle est inoccupée. Celui qui a perdu son coin doit se mettre au milieu et y rester jusqu'à ce qu'il en ait regagné un.

Si l'on est plus de cinq, on prend six ou même huit coins. La partie n'en est que plus animée.

LA MAIN CHAUDE

Un des jeux les moins compliqués et des plus amusants, c'est assurément le jeu de la *main chaude*.

Voici comment on y joue : un enfant se tient assis ; un deuxième est accroupi la tête posée sur les genoux du premier et cachée de manière à ce qu'il ne puisse rien voir ; les autres viennent frapper dans sa main droite, qu'il a placée derrière son dos. Si l'enfant devine le nom de celui qui a frappé, celui-ci prend sa place ; autrement l'épreuve est à recommencer.

Les enfants bons et bien élevés ne frappent pas brutalement : ils se contentent de toucher légèrement la main du patient ou de la patiente.

LE CHATEAU DE CARTES

C'est aussi pendant les longues soirées d'hiver que les enfants s'amusent à faire de grands *châteaux de cartes*. Quelle peine pour faire tenir en équilibre tous ces murs de carton! Quelle patience et quelle persévérance il faut pour élever et relever sans cesse cet édifice branlant! Mais aussi quelle joie quand on est parvenu à construire ce *monument* gigantesque et fragile!

Les enfants qui renversent exprès les beaux châteaux de cartes élevés avec une si grande peine par leurs petits camarades, font preuve d'un bien mauvais cœur!

LES BULLES DE SAVON

Pour faire de belles bulles de savon, il suffit de poser dans de l'eau de savon, un peu tiède, l'extrémité d'un tube ou d'un brin de paille non fêlé.

On prend l'autre extrémité entre ses lèvres, et, après avoir retiré la paille ou le tube de l'eau, on souffle doucement et lentement. Il vient au bout du brin une bulle de savon aux couleurs de l'arc-en-ciel; puis la bulle se détache, vogue un instant dans l'espace et se brise soudain.

Les enfants doivent se garder d'*aspirer* au lieu de *souffler :* s'ils aspiraient, l'eau de savon viendrait dans la bouche et pourrait les rendre malades.

CIVILITÉ

ET

SAVOIR-VIVRE

A la manière dont se présente une personne, à la démarche, au maintien, on reconnaît si elle a été bien élevée.

Il ne faut pas se

remuer, gesticuler, se courber, pencher la tête avec indolence, ni affecter de la tenir haute.

———

C'est une impolitesse que de choisir la plus belle chaise ou un fauteuil, d'occuper près du feu trop de place.

———

Étant assis, ne pas

trop écarter ou serrer les genoux, croiser les jambes, ni s'accouder sur sa chaise, se balancer, se renverser.

Ne vous levez pas sans nécessité quand les autres personnes sont assises ; ne restez pas assis si elles se lèvent ; mais, si vous devez vous déplacer,

il faut le faire sans bruit.

—

S'accouder en écoutant, c'est indiquer le peu de plaisir que l'on a dans la compagnie où l'on se trouve.

—

Il est impoli de montrer du doigt la personne de qui l'on parle.

Évitez la mobilité, la fixité dans le regard.

—

N'ayez pas sans cesse les yeux baissés : toute affectation n'est jamais de la vraie modestie.

De la Tête.

Maintenez la tête droite, ne la tournez pas avec étourderie ; n'y portez la main que dans un cas urgent, surtout étant à table.

Froncer les sourcils est considéré comme un signe de colère, et c'est contraire à la bienveillance que l'on se doit mutuellement.

——

Mettre les doigts dans les narines est un acte de malpropreté qui peut causer des maladies.

——

On doit avoir son mouchoir dans sa poche, — ne s'en servir qu'à propos; — éviter trop de bruit en se mou-

chant. — Il faut, en éternuant, se tourner pour ne pas incommoder les personnes présentes.

Si en société, vous avez à curer vos dents, retirez-vous à l'écart pour ce soin.

Il faut, en mangeant, ne pas trop remplir la bouche : cette habitude nuit à la santé, car elle empêche de broyer les aliments.

De la Politesse.

Rire avec éclat, c'est grossièreté ; — rire de tout indifféremment, c'est légèreté ou bêtise ; — rire avec exagération en racontant une histoire que l'on croit plaisante, c'est vouloir à l'avance une approbation que peut-être on ne saurait obtenir.

C'est manquer de *charité* que de rire des défauts d'autrui : c'est prouver *que l'on voit dans son prochain ce qu'on ne voit pas dans soi-même.*

De la manière de parler.

Ne dites que ce qu'il faut dire, — et dites-le comme il faut.

Que le ton soit convenable eu égard au lieu où vous êtes et aux personnes à qui vous vous adressez :

6

Il faut toujours placer les mots *Monsieur, Madame, Mademoiselle*, après les mots OUI et NON: « *Oui, monsieur; — oui, madame.* »

Ne dites pas: « Comment se porte votre mère, *ou* votre demoiselle, *ou* votre dame » ; *mais dites:* — « Madame votre mère, — mademoiselle votre fille, — madame.... », *en ajoutant le nom (ou le titre, si la personne en a un).*

———

Il est des expressions qui seraient d'une vulgarité ridicule dans la bonne compagnie, telles que : bah ! hein ? pas possible ! tiens !

———

N'essayez pas d'entendre les conversations où vous n'êtes pas admis : la curiosité est un bien vilain *défaut.*

Écoutez beaucoup, — parlez peu, et toujours à propos. — Ne parlez jamais avantageusement de vous-même, mais faites l'éloge du mérite des autres.

Évitez de louer les choses d'un ton de surprise et avec exclamation comme si vous n'aviez jamais rien vu.

———

Un ton élevé et bref n'est point poli ; — s'il est trop bas, il fatigue ceux à qui l'on parle.

La prononciation doit être ferme, mais douce, agréable.

Se presser de façon à bredouiller, ou traîner sur chaque syllabe, est insupportable pour l'auditeur.

Il est impoli de bâiller en société, d'interrompre la personne qui parle, ou de manifester de l'impatience.

———

Pour qu'à votre tour vous méritiez d'être écouté, soyez, en écoutant, poli, gracieux :

      « *La grâce est au visage ·*
De la bonté du cœur la plus parfaite image. »

———

N'affectez pas un air joyeux en parlant à des personnes qui sont dans la tristesse.

Si la conversation est gaie, n'ayez pas un air morose ; si vous avez quelque chagrin, mieux vaut vous retirer.

———

Ecoutez avec déférence les personnes âgées, et répondez-leur avec respect.

La nature nous a donné deux oreilles et une bouche, pour nous apprendre que nous devons plus écouter que parler.

———

La réserve, qui sied si bien à un jeune homme, doit être encore plus grande chez une jeune fille. Dans la conversation, qu'elle soit modeste sans minauderie, sobre de gestes ; ne rire qu'à propos, et sans cet éclat bruyant qui attirerait sur elle les regards.

ÉLÉMENTS DE CALCUL
NUMÉRATION
TABLE POUR APPRENDRE A CONNAITRE LES CHIFFRES

Noms des nombres.	Chiffres arabes.	Chiffres romains.
un	1	I
deux	2	II
trois	3	III
quatre	4	IV
cinq	5	V
six	6	VI
sept	7	VII
huit	8	VIII
neuf	9	IX
dix	10	X
onze	11	XI
douze	12	XII
treize	13	XIII
quatorze	14	XIV
quinze	15	XV
seize	16	XVI
dix-sept	17	XVII
dix-huit	18	XVIII
dix-neuf	19	XIX
vingt	20	XX
vingt et un	21	XXI
trente	30	XXX
trente et un	31	XXXI
quarante	40	XL ou XXXX
quarante et un	41	XLI
cinquante	50	L
cinquante et un	51	LI

soixante	60	LX
soixante et un	61	LXI
soixante-dix	70	LXX
soixante et onze	71	LXXI
quatre-vingts	80	LXXX
quatre-vingt-un	81	LXXXI
quatre-vingt-dix	90	XC
quatre-vingt-onze	91	XCI
cent	100	C
deux cents	200	CC
quatre cents	400	CCCC ou CD
cinq cents	500	D
six cents	600	DC
mille	1,000	M
mille cent, ou onze cents	1,100	MC
mille quatre cents	1,400	MCCCC (MCD)
mille cinq cents	1,500	MD
l'an mil huit cent quatre-vingt	1880	MDCCCLXXX

Un zéro (0), placé après un chiffre, augmente sa valeur de DIX : 10, 20, 30, 40, 50, 60, 70, 80, 90; — deux zéros l'augmentent de CENT : 100, 200, 300, 400, etc.; — trois zéros l'augmentent de MILLE : 1,000, 2,000, 3,000; et ainsi de suite.

Quand plusieurs chiffres sont alignés à la suite les uns des autres, le premier, *à droite*, représente les UNITÉS; le deuxième, les DIZAINES; le troisième, les CENTAINES; le quatrième, les MILLE; le cinquième, les DIZAINES DE MILLE, etc.

Un MILLION (1,000,000) vaut 10 fois 100 mille.

Le nombre 345,678,907,654,326, s'exprime en disant : Trois cent quarante-cinq *trillions*, six cent soixante-dix-huit *billions*, neuf cent sept *millions*, six cent cinquante-quatre *mille*, trois cent vingt-six *unités*.

Mille MILLIONS font un MILLIARD.

ADDITION	SOUSTRACTION

1	et	2	font	3	2 ôté de 3 reste		1
2		3		5	3	5	2
3		4		7	4	7	3
4		5		9	5	9	4
5		6		11	6	11	5
6		7		13	7	13	6
7		8		15	8	15	7
8		9		17	9	17	8
9		10		19	10	19	9
10		11		21	11	21	10

11	et	12	font	23	12 ôté de 23 reste		11
12		13		25	13	25	12
13		14		27	14	27	13
14		15		29	15	29	14
15		16		31	16	31	15
16		17		33	17	33	16
17		18		35	18	35	17
18		19		37	19	37	18
19		20		39	20	39	19
20		21		41	21	41	20

21	et	22	font	43	22 ôté de 43 reste		21
22		23		45	23	45	22
23		24		47	24	47	23
24		25		49	25	49	24
25		26		51	26	51	25
26		27		53	27	53	26
27		28		55	28	55	27
28		29		57	29	57	28
29		30		59	30	59	29
30		31		61	31	61	30

TABLE DE MULTIPLICATION

2	fois	2	font	4
2		3		6
2		4		8
2		5		10
2		6		12
2		7		14
2		8		16
2		9		18
2		10		20
2		12		24
3	fois	3	font	9
3		4		12
3		5		15
3		6		18
3		7		21
3		8		24
3		9		27
3		10		30
3		11		33
3		12		36
4	fois	4	font	16
4		5		20
4		6		24
4		7		28
4		8		32
4		9		36
4		10		40
4		11		44
4		12		48
5	fois	5	font	25
5		6		30
5	fois	7	font	35
5		8		40
5		9		45
5		10		50
5		11		55
5		12		60
6	fois	6	font	36
6		7		42
6		8		48
6		9		54
6		10		60
6		11		66
6		12		72
7	fois	7	font	49
7		8		56
7		9		63
7		10		70
7		11		77
7		12		84
8	fois	8	font	64
8		9		72
8		10		80
8		11		88
8		12		96
9	fois	9	font	81
9		10		90
9		11		99
9		12		108
10	fois	10	font	100
10		11		110
10		12		120

L'Addition

donne le Total de plusieurs *nombres réunis :*

et	1 / 1	et	2 / 3	et	3 / 4	et	4 / 5
font	2	font	5	font	7	font	9

Si les *nombres* ont *plusieurs* chiffres, additionner en commençant par la colonne de *droite :*

    23) 3 et 5 font 8 ; — on pose 8 sous la barre.
et 35) 2 et 3 font 5 ; — on pose 5 sous la barre.
Total 58

Si les nombres *réunis* passent *dix*, poser l'*unité* et reporter la *dizaine* à l'autre colonne :

    47) 7 et 5 font 12 ; on pose 2 et reporte 1 à l'autre colonne.
et 25) 1 et 4 font 5 et 2 font 7 ; — on pose 7 sous la barre.
Total 72

La Soustraction

fait connaître la *Différence* qui *reste* à un nombre dont une partie a été retranchée :

De	2	De	5	De	7	De	9
ôter	1	ôter	2	ôter	3	ôter	4
reste	1	reste	3	reste	4	reste	5

Si les nombres ont plusieurs chiffres, commencer par la colonne de *droite :*

  De 45
  ôter 22 } 2 ôté de 5 reste 3 ; — on pose 3 sous la barre.
Reste 23 } 2 ôté de 4 reste 2 ; — on pose 2 sous la barre.

Si, dans une colonne, le chiffre à retrancher est plus élevé, prendre une *dizaine* et l'ajouter au chiffre à retirer de l'autre colonne :

De **65**
ôter **37**
Reste **28**
$\Big\}$ 7 ôté de 15 reste 8 ; — on pose 8 et retient 1
1 et 3 font 4, ôté de 6, reste 2 ; — on pose 2

La Multiplication

donne le *Total* d'un nombre *répété par un autre* :

2 fois 2 font 4 | **3 fois 4 font 12** | **4 fois 6 font 24**

S'il y a plusieurs chiffres, commencer par la droite, en plaçant *au-dessus* le nombre à *multiplier*, et *au-dessous* celui qui *multiplie* :

A multiplier **23**
par **3**
Produit : **69**
$\Big\}$ 3 fois 3 font 9 ; — on pose 9
3 fois 2 font 6 ; — on pose 6

Si le chiffre *multiplié* passe la *dizaine*, poser l'*unité*, et ajouter la *dizaine* au chiffre à *gauche* :

43
6
258
$\Big\}$ 6 fois 3 font 18 ; — on pose 8 et retient 1
6 fois 4 font 24, et 1 de retenue font 25 ; — on pose 25

Le premier nombre s'appelle *Multiplicande*.
Le deuxième nombre s'appelle *Multiplicateur*.
Le résultat s'appelle *Produit*.

La Division

sert à trouver combien de fois une somme (*le Diviseur*) est contenue dans une autre plus forte (*le Dividende*). Le nombre trouvé se nomme *Quotient*.

EXEMPLE :

On veut savoir combien de fois il y a 12 dans 1728, l'on procède ainsi :

Dividende	17,28	12	diviseur.
	52	144	quotient.
	048		
	00		

Comme il y a plusieurs chiffres au diviseur, on prend pour premier membre de division les deux premiers du dividende : en 17 combien de fois 12 ? on écrit 1 au quotient et l'on dit : 1 fois 12 ôté de 17, reste 5, que l'on pose sous le 7; l'on abaisse le 3e chiffre du dividende: en 52 combien de fois 12? je pose 4 au quotient: 4 fois 12, 48, ôté de 52 reste 4; j'abaisse le 8 : en 48 combien de fois 12? je pose 4 au quotient, ce qui donne 144 fois 12.

La preuve se fait en multipliant le quotient avec le diviseur; et en ajoutant le reste, s'il y en a un, on doit retrouver la somme du dividende. — En effet, 144 multiplié par 12, donne 1728.

LES BONS EXEMPLES

LE BIEN POUR LE MAL

Deux écoliers s'étaient pris de querelle pour un sujet des plus futiles. Le plus grand, abusant de sa force, avait fort maltraité son camarade, qui n'avait opposé qu'une faible résistance. — A quelque temps de là, le vainqueur, qui était monté sur le haut d'un arbre, tomba et resta suspendu par les pieds, ses vêtements s'étant accrochés à une branche.

Dans cette triste situation, il était perdu, si personne ne fût venu à son secours. C'est ce que fit celui qu'il avait battu avec tant d'acharnement, et qui fut assez heureux pour le garantir d'une chute dangereuse. Les autres écoliers étant accourus, il s'en trouva un qui blâma la belle action de son condisciple : « Ce n'est point moi, qui serais venu à son secours ; à ta place, je l'aurais laissé là pour me venger du mal qu'il m'avait fait. » — « Ce n'est pas du méchant que j'ai eu compassion, répondit celui-ci, c'est de mon semblable ! »

Contraste insuffisant

NF Z 43-120-14

DÉVOUEMENT CIVIQUE

Un soir, en revenant chez lui, un brave tisserand fit la rencontre d'un chien enragé qui avait déjà blessé grièvement plusieurs personnes.

Après s'être adossé contre un mur, il attend sans broncher l'animal furieux, qui se jette sur lui et le mord cruellement; il parvient enfin à s'en rendre maître, le saisit à la gorge et appelle au secours : « Je ne le lâcherai pas, dit-il ; je veux éviter qu'il fasse d'autres malheurs... Apportez une hache et brisez-lui les reins. Je réponds de le tenir et je sacrifie ma vie pour mes concitoyens. »

Heureusement on n'eut pas à regretter la perte de cet homme courageux, qui, mordu en plusieurs endroits, fit preuve, pendant la cautérisation au fer rouge, d'autant de résolution que pendant sa lutte contre le chien enragé.

COURAGE D'UN ENFANT DE DOUZE ANS

Joseph Serres, âgé de douze ans, entend un jour un grand bruit : deux enfants de quatre ans, en jouant ensemble sur une place publique, sont montés sur la margelle d'un puits et viennent d'y tomber.

On accourt, on délibère, on se lamente. Le jeune Serres seul a conservé son sang-froid. Il demande une échelle. Il descend : elle était trop courte... Mais l'un des deux enfants est debout, tend les mains, aide à sa propre délivrance ; en se penchant, Serres peut le saisir. Il le remonte péniblement, et le rend à sa mère.

Le second a disparu sous l'eau ! Serres redescend, sans que personne ait songé à se procurer une plus longue échelle. Cependant il va, il se baisse, il n'arrive pas jusqu'à l'eau. Alors il se suspend par un pied au dernier échelon, puis plonge et fouille le puits. On tremble pour tous les deux : un moment même on les croit perdus.

Cependant notre jeune sauveteur a senti le petit malheureux ; il l'a saisi sans connaissance, mort peut-être. Qu'importe ! il le rendra à la lumière. Comment s'y prend-il ? il ne le sait pas lui-même : dans les actions généreuses, on a, quand il le faut, une force surhumaine.

UN BIENFAIT N'EST JAMAIS PERDU

L'Histoire affirme que le Lion n'est pas ingrat :

« Androclès, esclave romain, s'était enfui dans les bois. Un Lion, la patte blessée par une grosse épine, le voit, et, par des gémissements, fait comprendre le service dont il a besoin. — Androclès retire l'épine, guérit le Lion, qui le caresse.

Un jour pourtant, il fut arrêté, ramené à Rome et livré en pâture aux *carnivores*, à la grande joie des Romains. Quelle est leur surprise, lorsqu'un Lion s'approche d'Androclès et lui lèche les mains ! Il avait reconnu son bienfaiteur.

Les spectateurs, émerveillés, crient : *Grâce !* et Androclès eut la vie sauve ! »

GROSSIÈRETÉ ET POLITESSE

La politesse nous fait aimer de tout le monde, et surtout des personnes bien élevées ; ce qu'on va lire en est la preuve :

Guillaume et Georgette jouaient tout seuls au logis. Tout à coup on frappe. Georgette aussitôt, quittant le jeu, demande à travers la porte : « Qui est là? » Elle reconnaît à la voix une amie de la maison, et s'empresse d'ouvrir.

Elle accueille la dame avec politesse, s'informe de sa santé, lui offre un siège, enfin remplace sa maman aussi bien que possible.

Que faisait cependant Guillaume? La casquette sur la tête, il ne regardait seulement pas la dame, et ne voulait pas interrompre son amusement, quoique sa sœur l'avertît de son impolitesse.

Aussi la dame fit-elle de grands éloges de la petite à sa mère quand celle-ci fut rentrée. — Ce n'est pas tout : elle envoya le lendemain une belle poupée pour Georgette; et son frère, à qui l'on ne donna rien, porta ainsi la peine de sa grossièreté.

LE PETIT COLPORTEUR

Un garçon de quinze ans, ayant une toute petite quantité de menues marchandises, l'offrait de village en village. Arrivé à un château, il voit de l'argent sur des tables. « O mon Dieu! si j'avais vingt francs, je ferais ma fortune! » s'écrie le pauvre enfant.

La maîtresse du château, frappée de la bonne mine du jeune garçon, lui demande ce qu'il ferait de cette petite somme.

Celui-ci explique ses projets: comment il achèterait des marchandises, comment il les revendrait, et les bénéfices qu'il pourrait faire en vivant avec ordre et économie. « — Eh bien, dit la dame, voici le double de ce que tu souhaites; fasse le Ciel qu'il fructifie dans tes mains! »

Cette bonne dame avait sans doute oublié le petit colporteur, lorsqu'un jour se présente un marchand dont l'attirail annonce l'aisance. Il demande si l'on ne veut rien acheter. Comme on lui répond que non, il prie qu'on lui permette de saluer la maîtresse du logis. On l'introduit auprès d'elle; et, s'étant avancé avec une belle pièce d'étoffe à la main, il la prie de l'accepter.

« Monsieur, dit la dame, je vous ai fait dire que je ne voulais rien acheter. »

— Aussi, madame, répondit-il, mon intention n'est pas de vous la vendre: je serais trop heureux si vous vouliez la recevoir; elle vous appartient: c'est une restitution.

— Comment? que voulez-vous dire? reprit la dame.

— Vous rappelez-vous, répondit le marchand, un pauvre garçon que vous avez accueilli il y a dix ans et auquel vous avez donné quarante francs, qu'il regardait comme pouvant faire sa fortune? Ce jeune garçon, c'est moi. Votre générosité m'a porté bonheur: je suis riche maintenant, et c'est à vous que je le dois.

POURQUOI PIERRE TRAVAILLE DEUX HEURES DE PLUS PAR JOUR

Une personne passant après minuit auprès de l'atelier d'un pauvre forgeron, l'entendit battre l'enclume ; curieux de savoir ce qui retenait l'ouvrier aussi tard au travail, cette personne entra.

— Ce n'est pas pour moi que je travaille, répondit le forgeron ; mais Pierre, mon voisin, le pauvre homme a vu brûler sa maison, il est sur la paille avec ses enfants. Je me suis donc promis de me lever deux heures plus tôt, de me coucher deux heures plus tard : cela fera deux jours par semaine dont je pourrai lui remettre le produit; et ce ne sera, en fin de compte, qu'un peu moins de temps à dormir.

— Et pensez-vous que Pierre puisse jamais vous rendre...

— Peu m'importe ! Jamais une seule semaine je n'ai manqué de travail ; chaque jour amène son pain. — Et puis, ne faut-il pas s'aider les uns les autres ? — Et le beau mérite qu'on aurait de sauver une pauvre famille du désespoir et de la famine, si l'on n'y avait pas un peu de peine !

L'HONNÊTE PATISSIER

Récemment, les journaux nous rapportaient qu'un jeune garçon pâtissier, âgé de seize ans, avait sur le boulevard des Italiens, fait la trouvaille d'un élégant portefeuille contenant, avec des valeurs en papiers, quatre magnifiques diamants, et qu'il les avait portés au commissaire, afin qu'il les fît remettre à leur propriétaire : « J'aime mieux cela, dit-il à son maître, que de le reporter moi-même, car on pourrait croire que je veux une récompense, et je sais bien que je ne mérite rien pour une chose si simple. »

Le portefeuille retrouvé par l'enfant appartenait à un honnête négociant qui le força d'accepter une jolie montre, dans l'intérieur de laquelle il avait fait graver le nom de l'apprenti avec la date du jour où il a trouvé le portefeuille. « Car, avait-il dit, s'il ne veut pas de récompense, au moins ne pourra-t-il pas refuser un souvenir qui lui rappellera sa bonne action. »

SINCÉRITÉ

Le père du célèbre Washington attachait à la véracité de son fils une importance extrême. Un jour, le jeune Washington, qui n'avait que six ans, enleva, à l'aide d'une petite hache, l'écorce d'un cerisier d'une espèce très rare, auquel son père attachait un grand prix.

Le lendemain, celui-ci, à la vue d'un pareil dégât, manifesta beaucoup de chagrin :— «Je donnerais cinq guinées, ajouta-t-il, pour connaître le coupable.— «C'est moi, papa! dit son fils, après quelque hésitation ; c'est moi qui ai coupé l'écorce avec ma hache. — Embrassez-moi, mon enfant! s'écria aussitôt le père ; votre franchise a plus de valeur à mes yeux que n'en pourraient avoir mille cerisiers. »

POUR MA MÈRE!

Un curé avait fait venir chez lui trois enfants de l'un de ses paroissiens fort misérable. Comme le froid était rigoureux, les trois enfants étaient transis. Le bon curé leur dit de s'approcher du feu, et leur fait apporter du pain et un peu de viande. Les deux aînés mangent leur portion de bon appétit. Pour le troisième, il regardait la sienne d'un air satisfait, mais n'y touchait pas. « Quoi! mon enfant, lui dit le curé, tu ne manges pas? — Non, monsieur, répondit-il : je garde ma part pour ma mère, qui est malade. — Mange toujours, mon petit! j'enverrai ce qu'il faut à ta maman. — Non, monsieur, je veux lui porter ce que voilà. »

A ces mots, les yeux de l'enfant se remplirent de larmes. « Ta mère, mon petit ami, ne manquera de rien, mange, tu dois avoir faim. — Oui, j'ai faim, mais maman est malade. — Eh bien! tiens, voilà du pain et de la viande que tu lui porteras. — Alors, monsieur, je mangerai bien mon pain sec; ma viande je veux la garder pour maman. »

BIENFAITS DES ARTS ET MÉTIERS

Quand les hommes étaient encore sauvages, ils étaient forcés de se servir des choses telles que la nature les présentait : alors il n'y avait point de *Tailleurs*, et celui qui avait tué une grande bête, lui ôtait la peau et s'en faisait aussitôt un habit, en la plaçant sans façon sur ses épaules ; le seul soin qu'il prenait était de mettre le poil en dedans pour l'hiver et en dehors pour l'été.

Dans ce temps là, il n'y avait non plus ni *Boulangers*, ni *Pâtissiers :* on mangeait les fruits tels qu'on les cueillait aux arbres, et les racines telles qu'on les arrachait de la terre; souvent même le chasseur dévorait toute crue et moitié vivante la bête qu'il avait prise.

On ne connaissait point alors les belles maisons que nous voyons partout : les hommes se contentaient d'un antre ou roche creusée pour demeure ; quelquefois on bâtissait une méchante cahute avec des branches, de la paille et de la terre.

Mais le besoin de se mieux vêtir, de se nourrir plus délicatement et de se loger avec commodité, amena peu à peu les arts, qui adoucirent les mœurs et le caractère des hommes. On ne vit plus de vilains sauvages, couverts d'une peau qui sentait mauvais, mangeant du gland ou de la chair crue, et couchant sur la mousse ou dans la boue : les hommes eurent de beaux et de bons habits, d'excellentes tables et de belles maisons. Tels sont les bienfaits des Arts et Métiers.

LE GÉNIE HUMAIN

Je ne puis contempler sans admiration ces merveilleuses découvertes qu'a faites la science pour pénétrer la nature, ni tant de belles inventions que l'art a trouvées pour l'accommoder à notre usage.

L'homme a su dompter par l'esprit les animaux qui le surmontaient par la force : il a su discipliner leur humeur brutale et contraindre leur liberté indocile.

La terre, elle-même, a été forcée par son industrie à lui donner des aliments plus convenables ; à corriger en sa faveur l'aigreur des plantes sauvages.

Il commande : et même le *feu* et *l'eau*, ces deux grands ennemis, s'accordent à le servir dans des opérations si nombreuses et si nécessaires.

Pour marcher plus sûrement, il a appris aux astres à le guider dans ses voyages ; — pour mesurer plus également sa vie, il a obligé le soleil à rendre compte, pour ainsi dire, de tous ses pas. C'est que Dieu ayant formé l'homme pour être le chef de l'Univers, il lui a donné *l'intelligence*, pour chercher, pour trouver ce qui lui manque.

Comment aurait pu prendre un tel ascendant une créature si faible, si elle n'avait en son esprit une force supérieure à toute la nature visible, un souffle immortel ?

FÉNÉLON.

LA VRAIE LIBERTÉ

Ne nous trompons pas sur ce que nous devons entendre par notre indépendance : il y a, en effet, une sorte de liberté funeste dont l'usage est commun aux animaux comme à l'homme, et qui consiste à faire *tout ce qui lui plaît*. Cette liberté est l'ennemie de toute autorité ; — elle souffre impatiemment toutes règles ; et avec elle nous devenons inférieurs à nous-mêmes.

Mais il est une liberté civile et morale qui trouve sa force en nous-mêmes : *c'est la liberté de faire sans crainte tout ce qui est juste et bon.*

Cette sainte liberté, nous devons la défendre, et, s'il le faut, exposer pour elle notre vie.

PENSÉES.

Ne force pas un autre à souffrir ce que tu ne pourrais souffrir toi-même. — Respecte le bien d'autrui, si tu veux posséder tranquillement le tien. — Tu veux qu'on te rende *Justice?* sois juste!

UN NID DANS UN ROSIER

Dans la classe des petits oiseaux, les œufs sont ordinairement peints. — Le bouvreuil niche dans les aubépines, les groseilliers et les buissons : ses œufs sont ardoisés comme la chape de son dos.

Nous nous rappelons avoir trouvé un de ces nids dans un rosier. Une rose pendait au-dessus ; le bouvreuil mâle se tenait immobile sur un arbuste voisin, comme une fleur de pourpre et d'azur. Ces objets étaient répétés dans l'eau d'un étang, avec l'ombrage d'un noyer qui servait de fond à la scène, et derrière lequel on voyait se lever l'aurore.

Dieu nous donna dans ce petit tableau une idée des grâces dont il a paré la nature.

CHATEAUBRIAND.

MORALITÉS POÉTIQUES

Grandeur de Dieu.

Tout annonce d'un Dieu l'éternelle existence ;
On ne peut le comprendre, on ne peut l'ignorer !
La voix de l'Univers annonce sa puissance,
Et la voix de nos cœurs dit qu'il faut l'adorer.

Le Menteur.

Évitez le mensonge avec un soin extrême :
Si l'on remarque en vous peu de sincérité,
On ne vous croira pas, lors même
Que vous direz la vérité.

Il ne faut, mes enfants, ni tromper ni mentir :
L'honnête homme toujours dit la vérité pure.
Soit pour vous excuser, soit pour vous divertir,
Ne vous permettez pas la plus faible imposture.

La Pitié.

Cet insecte qui court, vole sur la charmille,
A comme vous son but, son devoir, ses besoins.
Vous l'écrasez ! Peut-être il cherchait sa famille :
Parce qu'il est petit, en souffre-t-il donc moins !

La Politesse.

La politesse est à l'esprit
Ce que la grâce est au visage :
De la bonté du cœur elle est la douce image,
Et c'est la bonté qu'on chérit.

Le travail rend tout facile.

Heureux qui de l'étude
Dès l'enfance a le goût !
Du travail le plus rude
Il vient toujours à bout.

L'Ignorance est l'image de la Mort.

Sur ton esprit fais un effort ;
Apprends, n'en perds jamais l'envie ;
Car l'ignorance, en cette vie,
Est une image de la mort.

Ne vous vengez jamais.

Réprimez tout emportement :
On se nuit alors qu'on offense,
Et l'on hâte son châtiment
Quand on croit hâter sa vengeance.

L'Humilité.

Sois humble ! Que t'importe
Le riche et le puissant ?
Un souffle les emporte...
La force la plus forte,
C'est un cœur innocent.

La Patience et l'Ambition.

Il est deux routes dans la vie:
L'une, solitaire et fleurie,
Qui descend sa pente chérie
Sans se plaindre et sans soupirer.
Le passant la remarque à peine,
Comme le ruisseau de la plaine
Que le sable de la fontaine
Ne fait pas même murmurer.

L'autre, comme un torrent sans digue,
Dans une éternelle fatigue,
Sous les pieds de l'enfant prodigue
Roule la pierre d'Ixion.
L'une est bornée et l'autre immense.
L'une meurt où l'autre commence :
La première est la Patience,
La seconde est l'Ambition.

Le bon emploi du Temps.

Comme la bienfaisante pluie
Féconde la terre en été,
Dieu fit, pour féconder la vie,
Le travail et l'activité.
Ne laissons point d'heure inutile :
Songeons que la paille stérile
Est foulée aux pieds du glaneur ;
Puissent s'amasser nos journées
Comme les gerbes moissonnées
Dans le grenier du laboureur !

La Robe de l'Innocence.

Ayant perdu sa robe, on dit que l'Innocence
En vain pour la chercher courut chez le Plaisir,
    Chez la Fortune et la Puissance :
Qui la lui rapporta? Ce fut le Repentir.

DIEU

Il est ! —Tout est en Lui. L'immensité, les temps,
De son Être infini sont les purs éléments.
L'espace est son séjour, l'éternité son âge ;
Le jour est son regard, le monde est son image ;
Tout l'Univers subsiste à l'ombre de sa main.

L'Être, à flots éternels découlant de son sein,
Comme un fleuve nourri par cette source immense,
S'en échappe et revient finir où tout commence.
Sans borne comme lui, ses ouvrages parfaits
Bénissent en naissant la main qui les a faits.
Il peuple l'Infini chaque fois qu'il respire :
Pour Lui vouloir, c'est faire, —exister, c'est produire,
Tirant tout de Lui seul, rapportant tout à soi,
Sa volonté suprême est la suprême Loi.

Intelligence, amour, force, beauté, jeunesse,
Sans s'épuiser jamais, il peut donner sans cesse ;
Et, comblant le néant de ses dons précieux,
Des derniers rangs de l'être il peut tirer des dieux ;
Mais ces dieux de sa main, ces fils de sa puissance,
Mesurant d'eux à lui l'éternelle distance,
Tendent, par leur nature, à l'Être qui les fit.
Il est leur fin à tous, et lui seul se suffit.

Voilà, voilà le Dieu que tout esprit adore,
Qu'Abraham a servi, que rêvait Pythagore,
Que Socrate annonçait, qu'entrevoyait Platon ;
Ce Dieu que l'Univers révèle à la raison,
Que la justice attend, que l'infortune espère,
Et que le Christ enfin vint montrer à la Terre....
Il est seul, il est un, il est juste, il est bon !
La Terre voit son ombre et le Ciel sait son nom.

LAMARTINE.

PATRIE

Aimez, mes chers enfants, le sol de notre France
Ce sol qui vous vit naître et qui vous voit grandir,
La France! oh! ce doux nom de gloire et d'espérance,
Quand vous le prononcez il faut vous découvrir.

La France! tout pays l'admire et la révère,
Son étendard vainqueur en tous lieux a flotté ;
Des peuples opprimés c'est l'ange tutélaire,
La voix qui va criant : Justice et Liberté !

De savants, de héros, mère toujours féconde,
Des combats et des arts elle unit les lauriers.
Elle a dans ses bazars les richesses du Monde :
Force, progrès et foi reposent à ses pieds.

Aimez donc, chers enfants, ce beau pays de France,
Ce sol qui vous vit naître et qui vous voit grandir,
La France! oh! ce doux nom de gloire et d'espérance,
Quand vous le prononcez il faut vous découvrir.

MASSÉ.

Beautés de la Nature en Hiver.

Le Ciel même, malgré l'inclémence de l'air,
N'a pas de tous ses dons déshérité l'Hiver.
Alors, des vents jaloux défiant les outrages,
Plusieurs arbres encor retiennent leurs feuillages.
Voyez l'if, et le lierre, et le pin résineux,
Le houx luisant armé de ses dards épineux ;
Et du laurier divin l'immortelle verdure
Dédommager la terre et venger la Nature ;
Voyez leurs fruits de pourpre et leurs glands de corail
Au vert de leurs rameaux mêler un vif émail !
Au milieu des champs nus leur parure m'enchante,
Et plus inespérée en paraît plus touchante.
De nos jardins d'hiver ils ornent le séjour :
Là, nous venons saisir les rayons d'un beau jour.
Là, l'oiseau, quand la terre ailleurs est dépouillée,
Vole, et s'égaye encor sous la verte feuillée,
Et trompé par les lieux, ne connaît plus les temps,
Croit revoir les beaux jours et chante le printemps.

Le Livre de la Vie.

Le Livre de la vie est le livre suprême
Qu'on ne peut ni fermer, ni rouvrir à son choix.
Le passage adoré ne s'y lit pas deux fois ;
Mais le feuillet fatal se tourne de lui-même.
On voudrait revenir à la page où l'on aime,
Et la page où l'on meurt est déjà sous nos doigts.

Les Nids d'oiseaux.

Oh ! ne déniche point les oiseaux dans tes jeux !
Les oiseaux ont de Dieu reçu leur existence ;
C'est Dieu qui leur apprend, dans sa toute-puissance,
A tresser sans effort leur nid si gracieux.
Les oiseaux comme nous ressentent la souffrance.
Cher enfant, que dirait ta pauvre mère un jour,
Si de ce petit lit où fleurit ton enfance
Quelque méchant t'allait ravir à son amour ?
Ta mère pleurerait, et, pleine de tristesse,
Elle t'appellerait, hélas ! peut-être en vain ;
Et toi de qui la joie est toute en sa tendresse,
Et toi, que dirais-tu, mon fils, le lendemain ?
Prends donc aussi pitié de la frêle famille
Qui dort sur les rameaux ou dans le vert gazon,
De ce jeune oisillon qui gazouille et sautille,
Et n'a point peur de toi parce qu'il te croit bon.
Enfant, si dans ton cœur la charité demeure,
Le Ciel te laissera ta mère à caresser,
Et ton ange viendra de sa sainte demeure
Auprès de ton chevet chaque nuit se poser.

Les Fleurs.

Fleurs charmantes ! par vous la nature est plus belle ;
Dans ses brillants tableaux l'art vous prend pour modèle.
Simples tributs du cœur, vos dons sont chaque jour
Offerts par l'amitié, hasardés par l'amour.
D'embellir la beauté vous obtenez la gloire ;
Le laurier vous permet de parer la victoire ;
Plus d'un hameau vous donne en prix à la pudeur !
L'autel même où de Dieu repose la grandeur,
Se parfume au printemps de vos douces offrandes,
Et la religion sourit à vos guirlandes.

Mais c'est dans nos jardins qu'est votre heureux séjour,
Filles de la rosée et de l'astre du jour ;
De vos riches couleurs venez peindre la terre.
Venez : mais n'allez pas dans les buis d'un parterre
Renfermer vos appas tristement relégués.
Que vos heureux trésors soient partout prodigués.
Tantôt de ces tapis émaillez la verdure ;
Tantôt de ces sentiers égayez la bordure ;
Formez-vous en bouquets ; entourez ces berceaux ;
En méandres brillants courez au bord des eaux,
Ou tapissez ces murs, ou dans cette corbeille
Du choix de vos parfums embarrassez l'abeille.

L'Ange et l'Enfant.

Un ange au radieux visage,
Penché sur le bord d'un berceau,
Semblait contempler son visage,
Comme dans l'onde d'un ruisseau.

« Charmant enfant, qui me ressemble,
Disait-il, ah ! viens avec moi ;
Viens, nous serons heureux ensemble :
La terre est indigne de toi.

« Là, jamais entière allégresse,
L'âme y souffre de ses plaisirs ;
Les airs de joie ont leur tristesse,
Et les voluptés leurs soupirs.

« La crainte est de toutes les fêtes :
Jamais un jour calme et serein
Du choc des vents et des tempêtes
N'a garanti le lendemain.

« Eh quoi ! les chagrins, les alarmes
Viendraient flétrir ton front si pur,
Et dans l'amertume des larmes
Se terniraient tes yeux d'azur !

« Non, non, dans les champs de l'espace
Avec moi tu vas t'envoler ;
La Providence te fait grâce
Des jours que tu devais couler.

« Que personne dans ta demeure
N'obscurcisse ses vêtements ;
Qu'on accueille ta dernière heure,
Ainsi que tes premiers moments.

« Que les fronts y soient sans nuage,
Que rien n'y révèle un tombeau :
Quand on est pur comme à ton âge,
Le dernier jour est le plus beau. »

Et, secouant ses blanches ailes,
L'ange, à ces mots, a pris l'essor
Vers les demeures éternelles...
Pauvre mère ! ton fils est mort.

REBOUL.

Les vieux Parents.

Respect aux blancs vieillards, à ceux que courbe
[l'âge !
Enfants, respect, amour, surtout aux vieux parents !
Oh ! saluez en eux de Dieu l'auguste image :
Comme ils vous ont guidés, guidez leurs pas tremblants!

Ils n'ont que peu de jours à passer sur la terre :
Ils vous ont tant chéris ! rendez ces jours plus doux.
Ecoutez, recueillis, leur voix sereine, austère,
Et devant leur sagesse, enfants, inclinez-vous !

Bien heureux le foyer, heureuses les familles
Qui possèdent longtemps les bien-aimés vieillards !
C'est que Dieu les bénit !... Garçons et jeunes filles,
C'est qu'il laisse sur vous tomber ses saints regards!

Dieu le saura !

Deux enfants près d'un presbytère
Trouvent un pauvre qui dormait.
(Le Ciel peut-être en songe lui donnait
Ce que lui refusait la terre...)
Le garçon, se précipitant,
Veut l'éveiller pour offrir son aumône,
Quand sa jeune sœur l'arrêtant :
— On ne réveille pas un pauvre à qui l'on donne,
Dit-elle. — Du bienfait qui donc l'avertira ?
— Personne, mais Dieu le saura !

La Feuille.

« De ta tige détachée,
Pauvre feuille desséchée,
Où vas-tu? » — « Je n'en sais rien.
L'orage a brisé le chêne
Qui seul était mon soutien.
De son inconstante haleine,
Le zéphyr ou l'aquilon
Depuis ce jour me promène
De la forêt à la plaine,
De la montagne au vallon.
Je vais où le vent me mène,
Sans me plaindre ou m'effrayer;
Je vais où va toute chose:
Où va la feuille de rose
Et la feuille de laurier. »

Image de la Vie.

« Où va le volume d'eau
Que roule ainsi ce ruisseau? »
Dit un enfant à sa mère.
« Sur cette rive si chère
D'où nous le voyons partir,
Le verrons-nous revenir? » —
« Non, mon fils: loin de sa source
Ce ruisseau fuit pour toujours :
Et cette onde, dans sa course,
Est l'image de nos jours. »

La Rose.

Du doux printemps, aimable fleur,
Que tu me plais, Rose chérie!
Mais, hélas! à peine fleurie,
Tu perds ta brillante couleur.
Toutefois, quand le sort funeste
A décidé ta triste fin,
Au lieu de ton éclat divin,
De toi quelque parfum nous reste.
Ainsi, quand d'un sage ici-bas
Soudain la paupière est fermée,
Il nous reste, après son trépas,
Le parfum de sa renommée.

MONTÉMONT.

LE FABLIER DES ENFANTS

Le Lézard et la Tortue.

« Pauvre Tortue, hélas ! » s'écriait le Lézard.
   — » Pourquoi pauvre ? » — « Quelle misère !
« Sans porter ta maison tu ne vas nulle part ! »
   — « Charge utile devient légère. »

La Renoncule et l'Œillet.

La Renoncule, un jour, dans un bouquet
   Avec l'Œillet se trouva réunie.
Elle eut le lendemain le parfum de l'Œillet :
On ne peut que gagner en bonne compagnie.

La Poussière et le Soleil.

« Soleil, je t'obscurcis, » disait, en s'élevant,
Un amas de Poussière agité par le vent.
   — « Oui, dit le Soleil, je l'avoue ;
« Mais, le calme venu, tu rentres dans la boue. »

Le Papillon et le Lis.

   « Admirez l'azur de mes ailes, »
   Disait au Lis majestueux
   Un Papillon présomptueux ;
« Vit-on jamais couleurs plus vives et plus belles ? »
Le Lis lui répondit : « Insecte vil et fier,
   « D'où te vient cet orgueil étrange ?
   « As-tu donc oublié qu'hier,
  « Obscur, tu rampais dans la fange ? »

Le Lierre et le Rosier.

Un Lierre, en serpentant au haut d'une muraille,
Voit un petit Rosier, et se rit de sa taille.
L'arbuste lui répond : « Apprends que, sans appui,
  « J'ai su m'élever par moi-même ;
  « Mais, toi, dont l'orgueil est extrême,
« Tu ramperais encor sans le secours d'autrui. »

Le Pinson et la Pie.

  « Apprends-moi donc une chanson ! »
  Demandait la bavarde Pie
  A l'agréable et gai Pinson
Qui chantait, au printemps, sur l'épine fleurie.
  — « Allez ! vous vous moquez, ma mie !
« A gens de votre espèce, ah ! je gagerais bien
  « Que jamais on n'apprendra rien. »
  — « Eh quoi ! la raison, je te prie ? » —
« Mais c'est que, pour s'instruire et savoir bien chanté
  « Il faudrait pouvoir écouter,
« Et babillard n'écouta de sa vie. »

La Diligence.

  « Clic ! clac ! clic ! holà ! gare ! gare ! »
  La foule se rangeait,
  Et chacun s'écriait :
  « Peste ! quel tintamarre !
« Quelle poussière ! ah ! c'est sans doute un grand seigneu
« C'est un prince du sang, c'est un ambassadeur ! »
La voiture s'arrête ; on accourt, on s'avance ;
  C'était.... la Diligence,
  Et.... personne dedans.

Du bruit, du vide, amis, voilà, je pense,
Ce qu'on trouve chez bien des gens.

L'Enfant et le Miroir.

Un enfant élevé dans un pauvre village,
Revint chez ses parents et fut surpris d'y voir
Un Miroir.
D'abord il aima son image,
Et puis, par un travers bien digne d'un enfant,
Et même d'un être plus grand,
Il veut outrager ce qu'il aime,
Lui fait une grimace, et le Miroir la rend.
Alors son dépit est extrême ;
Il lui montre un poing menaçant :
Il se voit menacé de même !
Notre marmot fâché s'en vient, en frémissant,
Battre cette image insolente :
Il se fait mal aux mains. Sa colère en augmente,
Et furieux, au désespoir,
Le voilà, devant ce Miroir,
Criant, pleurant, frappant la glace.
Sa mère, qui survient, le console, l'embrasse,
Tarit ses pleurs, et doucement lui dit :
— N'as-tu pas commencé à faire la grimace
A ce méchant enfant qui cause ton dépit ?
— Oui ! — Regarde à présent : tu souris, il sourit ;
Tu tends vers lui les bras, il te les tend de même,
Tu n'es plus en colère, il ne se fâche plus ;
De la société, tu vois ici l'emblème :
Le bien, le mal, nous sont rendus.

Le Grillon.

Un pauvre petit Grillon,
Caché dans l'herbe fleurie,
Regardait un Papillon
Voltigeant dans la prairie.
L'insecte ailé brillait des plus vives couleurs:
L'azur, la pourpre et l'or éclataient sur ses ailes ;
Jeune et beau petit-maître il court de fleurs en fleurs,
Prenant et quittant les plus belles.
« Ah! disait le Grillon, que son sort et le mien
    « Sont différents ! Dame Nature,
    « Pour lui fit tout, et pour moi rien.
« Je n'ai point de talent, encor moins de figure ;
« Nul ne prend garde à moi, l'on m'ignore ici-bas :
    « Autant vaudrait n'exister pas ! »
    Comme il parlait, dans la prairie
    Arrive une troupe d'enfants:
    Aussitôt les voilà courants
Après ce papillon dont ils ont tous envie.
Chapeaux, mouchoirs, bonnets, servent à l'attraper.
L'insecte vainement cherche à leur échapper.
    Il devient bientôt leur conquête.
L'un le saisit par l'aile, un autre par le corps;
Un troisième survient, et le prend par la tête :
    Il ne fallait pas tant d'efforts
    Pour déchirer la pauvre bête.
« Oh! oh! », dit le Grillon, « je ne suis plus fâché :
« Il en coûte trop cher pour briller dans le monde.
« Combien je vais aimer ma retraite profonde !

    « Pour vivre heureux, vivons caché. »

Le Rat de ville et le Rat des champs.

Autrefois le Rat de ville
Invita le Rat des champs,
D'une façon fort civile,
A des reliefs d'ortolans.

Sur un tapis de Turquie
Le couvert se trouva mis.
Je laisse à penser la vie
Que firent ces deux amis.

Le régal fut fort honnête
Rien ne manquait au festin:
Mais quelqu'un troubla la fête
Pendant qu'ils étaient en train.

A la porte de la salle
Ils entendirent du bruit:
Le Rat de ville détale;
Son camarade le suit.

Le bruit cesse, on se retire:
Rats en campagne aussitôt;
Et le citadin de dire:
« Achevons tout notre rôt. »

— « C'est assez ! dit le rustique;
« Demain vous viendrez chez moi.
« Ce n'est pas que je me pique
« De tous vos festins de roi:

« Mais rien ne vient m'interrompre;
« Je mange tout à loisir.
« Adieu donc ! » *Fi du plaisir*
Que la crainte peut corrompre !

LAFONTAINE.

PETITS POÈMES

A RÉCITER

LES DEUX ORPHELINS.

L'hiver glace les champs, les beaux jours sont passés ;
    Malheur au pauvre sans demeure !
    Loin des secours il faut qu'il meure :
Comme les champs alors tous les cœurs sont glacés.

De l'an renouvelé c'était la nuit première ;
Les mortels, revenant de la fête du jour,
    Hâtaient leur joie et leur retour ;
Même un peu de bonheur visitait la chaumière.
    Au seuil d'une chapelle assis,
Deux enfants presque nus, et pâles de souffrance,
Appelaient des passants la sourde indifférence,
    Soupirant de tristes récits.
Une lampe à leurs pieds éclairait leurs alarmes
    Et semblait supplier pour eux.

Le plus jeune, tremblant, chantait, baigné de larmes,
L'autre tendait sa main au refus des heureux.
« Nous voici deux enfants, nous n'avons plus de mère ;
« Elle mourut hier en nous donnant son pain.
    « Elle dort où dort notre père.
« Venez! nous avons froid et nous mourons de faim.! »

    Et sa voix touchante et plaintive
    Frappait les airs de cris perdus ;
La foule, sans les voir, s'échappait fugitive ;

Et bientôt on ne passa plus...
Ils frappaient à la porte sainte,
Car leur mère avait dit que Dieu n'oubliait pas ;
Rien ne leur répondait que l'écho de l'enceinte ;
Rien ne venait... que le trépas !
La lampe n'était pas éteinte ;
L'heure, d'un triste accent, vint soupirer minuit ;
Au loin d'un char de fête on entendit le bruit,
Mais on n'entendit plus de plainte.

Vers l'église portant ses pas,
Un prêtre, au jour naissant, allant à la prière,
Les voit blanchis de neige et couchés sur la pierre,
Les appelle en pleurant : ils ne se lèvent pas :
Leur pauvre enfance, hélas ! se tenait embrassée,
Pour conserver sans doute un reste de chaleur,
Et le couple immobile, effrayant de pâleur,
Tendait encor sa main glacée.

Le plus grand, de son corps couvrant l'autre à moitié,
Avait porté la main aux lèvres de son frère,
Comme pour arrêter l'inutile prière ;
Comme pour l'avertir qu'il n'est plus de pitié.

Ils dorment pour toujours, et la lampe encor veille !
On les plaint : on sait mieux plaindre que secourir.
Vers eux de toutes parts les pleurs viennent s'offrir,
Mais on ne venait pas la veille...

A. GUIRAUD.

Les Religieux du Mont Saint-Bernard.

La neige, au loin accumulée,
En torrents épaissis tombe du haut des airs,
Et, sans relâche amoncelée,
Couvre du Saint-Bernard les vieux sommets déserts.

Plus de route : tout est barrière !
L'ombre accourt, et déjà, pour la dernière fois,
Sur la cime inhospitalière,
Dans les vents de la nuit l'aigle a jeté sa voix.

A ce cri d'effroyable augure,
Le voyageur transi n'ose plus faire un pas ;
Mourant et vaincu de froidure,
Au bord d'un précipice il attend le trépas.

Là, dans sa dernière pensée,
Il songe à son épouse, il songe à ses enfants ;
Sur sa couche affreuse et glacée
Cette image a doublé l'horreur de ses tourments.

C'en est fait : son heure dernière
Se mesure pour lui dans ces terribles lieux ;
Et, couvrant sa froide paupière,
Un funeste sommeil déjà ferme ses yeux.

Soudain, ô surprise ! ô merveille !
D'une cloche il a cru reconnaître le bruit ;
Ce bruit augmente à son oreille :
Une clarté subite a brillé dans la nuit.

Tandis qu'avec peine il écoute,
A travers la tempête un autre bruit s'entend :
Un chien jappe, et, s'ouvrant la route,
Suivi d'un solitaire, approche au même instant.

Le chien, en aboyant de joie,
Frappe du voyageur les regards éperdus :
La Mort laisse échapper sa proie,
Et la Charité compte un miracle de plus !

CHÊNEDOLLÉ.

Le Lion de Florence.

Près des murs de Florence, une coutume antique
Consacrait tous les ans une fête rustique.
Le peuple des hameaux, dans les champs d'alentour,
En chœur vient du printemps saluer le retour :
Mille groupes joyeux précipitent leur danse,
Fidèles au plaisir plutôt qu'à la cadence.
Tout à coup, ô terreur ! un formidable accent
Perce la profondeur du bois retentissant.
Un lion, l'œil en feu, se présente à la vue :
Tout fuit ! dans ce désordre, une mère éperdue
Emporte son enfant... Dieu ! ce fardeau chéri,
De ses bras échappé, tombe : elle jette un cri,
S'arrête... Il est déjà sous la dent dévorante !
Elle le voit, frémit, reste pâle, mourante ;
Immobile, l'œil fixe et les bras étendus,
Elle reprend ses sens un moment suspendus ;
La frayeur l'accablait, la frayeur la ranime.
O prestige d'amour ! ô délire sublime !
Elle tombe à genoux : « Rends-moi, rends-moi mon fils ! »

Ce lion si farouche est ému par ses cris,
La regarde, s'arrête, et la regarde encore :
Il semble deviner qu'une mère l'implore.
Il attache sur elle un œil tranquille et doux,
Lui rend ce bien si cher, le pose à ses genoux,
Contemple de l'enfant le paisible sourire,
Et dans le fond des bois lentement se retire.

DELILLE.

Le petit Chaperon Rouge.

(CONTE INÉDIT.)

Un pot de beurre sur sa tête
Et sous son bras une galette,
L'Enfant au *rouge chaperon*
Gaîment regagnait la maison
De *Mère-Grand*. Dans la clairière,
Le *Loup* l'accoste. — « Tiens, ma chère,
Prends ce sentier, moi celui-là ;
Voyons qui des deux y sera
Le premier ! » — « Soit ! » Le Matamore
Court chez la vieille, la dévore ;
Puis, sans façon, se met au lit,
Coiffé du bonnet de la morte !...
C'était un loup fort impoli.
— « Toc, toc, toc ! » — « Qui frappe à la porte ? »
Dit le fourbe en contrefaisant
Sa voix. — « C'est moi ! » répond l'enfant,
Qui du piège point ne se doute,
Et s'était amusée en route
A pourchasser des papillons.
    — « C'est toi, Fillette ?
      Allons,
    Tire la bobinette
    Et la chevillette
     Cherra ! »
    La bobinette
    Elle tira ;
Mais, à peine entrée, holà ! là !
Sans pitié le loup dévora
Le pot de beurre, la pauvrette,
    Et la...
    Galette !

ÉTIENNE DUCRET.

FIN.

TABLE

FABLES ET HISTORIETTES

Instructives et amusantes

LES BONS EXEMPLES.

MORALITÉS POÉTIQUES.

LE FABLIER DES ENFANTS.

PETITS POÈMES A RÉCITER.

Clichy. Impr. Paul DUPONT, 12, rue du Bac-d'Asnières. — 502 7-79.